JENNIE APPEL

WER WACHSEN WILL, BRAUCHT STARKE WURZELN

JENNIE APPEL

WER WACHSEN WILL BRAUCHT STARKE WURZELN

Mit der Kraft des Schamanismus das volle Potenzial entfalten

INHALT

VORWORT

Wie spricht die Welt zu mir? Was kann in meinem Herzen Wurzeln schlagen? Was verändert mein Leben in stärkender und heilsamer Weise? Von solcher Art sind die Fragen, um die es im Schamanismus geht. Es sind Fragen, die wir ganz individuell selbst beantworten müssen – niemand im Außen kann uns darauf eine Antwort geben.

Dem schamanischen Weg kann man nicht einfach folgen – es gibt keinen ausgetretenen Pfad, an dessen Ende das Ziel bereits sichtbar wäre. Vielmehr sucht sich jeder, der daran interessiert ist und sich darauf einlässt, einen neuen Weg durch das Dickicht seines Geistes, um seine Seele und die Seele der Welt zu entdecken. Zwar gibt es andere, die ihren Weg bereits gefunden haben und uns an ihren Erfahrungen teilhaben lassen, doch letztlich sind wir es selbst, die einen Fuß vor den anderen setzen, die wir uns vortasten und vom Unbekannten umfangen lassen. Im Schamanismus gibt es weder ein grundlegendes Dogma noch heilige Bücher. Er ist keine Religion. Worum es wirklich geht, ist die individuelle Erfahrung, die jeder macht, der diese Reise antritt.

Dieses innere Abenteuer führt uns in unser Herz, das in tiefer Verbindung mit der Welt und all ihren Wesen steht: Wir erfahren uns selbst als Teil von etwas unendlich Größerem – und dies hat einen kraftvollen Einfluss auf alle Bereiche unseres Lebens. Unser Alltag wird mehr und mehr erfüllt vom Wunder des Seins, unsere Wurzeln werden kräftiger, unsere Äste strecken sich weiter aus. Wir werden wahrhaft wir.

Möge dieses Buch auf deinem ganz persönlichen Weg ein wertvoller Begleiter für dich sein.

Alles Liebe, deine Jennie.

KAPITEL 1

UNSERE WURZELN ENTDECKEN

Ohne tief in die Erde reichende Wurzeln kann ein Baum nicht wachsen. Er hat nicht genug Halt, um sich weit in den Himmel zu strecken. Er braucht sowohl Tiefe als auch Weite. Ähnlich ist es mit uns Menschen – wenn wir wachsen wollen, ist es wichtig, beide Richtungen zu beachten. Die Wirkung reicht weit über uns hinaus, denn wie die Wurzeln eines Baumes genährt sind, ist entscheidend für den gesamten Wald, seine Gesundheit, sein Wachstum.

SCHAMANISMUS GANZ ALLTÄGLICH

Auch wenn sich in vielen Köpfen beharrlich das Bild des Schamanen oder der Schamanin als ein höchst exotisches Wesen hält, das man allenfalls mit den Steppen der Mongolei oder Nordamerikas in Verbindung bringt, ist die schamanische Tradition doch etwas sehr dem Alltag Zugewandtes. Schamanismus ist eine Form der Spiritualität, die in deinem ganz normalen Leben Platz finden kann – egal ob du eine alleinerziehende Mutter, ein Börsenmakler oder eine Konditorin bist. Das schamanische Weltbild und vor allem die schamanische Praxis haben die Kraft, dich die Dinge mit anderen Augen sehen zu lassen:

Du kannst diese Verbundenheit wirklich fühlen – du kannst sie leben, überall und zu jeder Zeit. Dazu brauchst du weder Jahre in der Mongolei zu verbringen noch dich in ein Wolfsfell zu hüllen. Du kannst dies natürlich tun, wenn diese Erfahrungen dich rufen.

Mit kleinen Übungen und Ritualen kannst du dich an dieses verschüttete Weltbild aus der Kindheit unseres Kulturraumes herantasten, es selbst erfahren, dich wieder auf die eigene Wahrnehmung verlassen und dem Weg in und mit der Natur vertrauen. Du kannst einen Zauber in dein Leben einladen, der deinen Alltag schamanisch durchwirkt.

Eins mit der Fülle der Natur

Du wirst erleben, dass du eingebunden bist in etwas, das so viel größer ist als du selbst und dessen unersetzbarer Teil du doch zugleich bist. Wenn du die Grundlagen der schamanischen Reise erlernst (ab Seite 58) und dein Krafttier kennenlernst (ab Seite 94), wirst du nicht nur vieles über deine eigene Seele erfahren. Du wirst gleichwohl einer uralten Spiritualität begegnen, die dennoch so sehr in unsere moderne Welt passt und heute mehr denn je benötigt wird, um unseren Heimatplaneten weiterhin für uns und alle anderen Wesen lebenswert zu erhalten. Reich beschenkt von der Fülle der Natur kannst du dem Alltag mit seinen Stürmen und Wellenbewegungen anders begegnen und Herausforderungen spielerischer meistern.

Das Schöne am Schamanismus ist für mich, dass er nicht nur zu einer bestimmten Zeit in einem Sonderraum stattfindet. Es ist eine Lebensweise, die uns unsere innere

Kraft neu spüren lässt. Aufwendige Rituale, die auf dein soziales Umfeld seltsam wirken könnten, sind nicht vonnöten. Du brauchst auch keinen neuen Namen, kein öffentliches Bekenntnis, keine besondere Kleidung oder Ernährungsweise. Angewandter Schamanismus wird die Augen deiner Seele öffnen! Die Welt wird dich daraufhin jeden Tag mit Staunen, Überraschung und Freude belohnen, sie wird dir reicher als je zuvor erscheinen.

Rituale stärken die Verbindung

Um dich dabei zu unterstützen, habe ich in diesem Buch neben den Übungen auch einige Rituale versammelt, die sich ohne großen Aufwand durchführen lassen. Bei einem Ritual verleihst du dem, was dir wichtig ist, Ausdruck – und du tust dies wiederholt, um die Verbindung zu deinem Weg zu stärken.

Das folgende Alltagsritual fußt auf einem Morgenritual, das Frauen in schamanisch geprägten Kulturen Afrikas durchführen und das deren Weltsicht offenbart. Hier verdeutlichen die Hintergründe wunderbar den Sinn eines Rituals: Wenn in diesen Gegenden die Sonne aufgeht, kommen die Frauen aus ihren Hütten und begrüßen mit einem rhythmischen Lied gemeinsam Mutter Erde. Sie knien sich hin, klopfen erst auf den Boden, dann auf ihr Brustbein, heben die Hände zur Sonne und verbeugen sich schließlich, um mit ihrer Stirn wiederum die Erde zu begrüßen. So zeigen sie, dass sie die Erde ehren, dass ihr Herz für das Leben schlägt und dass sie Respekt vor der Kraft der Sonne haben, die das Leben hier auf Erden überhaupt erst ermöglicht. Damit machen sie deutlich, dass sie wissen, wie ihre Stimmung und ihr Inneres sich im Verlauf des neuen Tages widerspiegeln werden.

Ich habe das Ritual auf Seite 14 so abgewandelt, dass niemand außer dir mitbekommen muss, wenn du es durchführst. So kannst auch du jeden Morgen das Leben und unseren Planeten ehren. Wenn du dieses Ritual immer wieder mit ganzem Herzen ausführst, wirst du feststellen, wie gut es dir tut, etwas Inneres nach außen zu tragen.

Nur was dir guttut, unterstützt deinen Weg

Schaue einfach, welche kleinen Rituale oder Übungen dieses Buches sich für dich gut anfühlen, und probiere dich mit ihnen und in ihnen aus. Sowohl die Alltagsrituale als auch die meisten Übungen in diesem Buch benötigen nicht viel Zeit, daher kannst du sie leicht in deinen Tagesablauf einbauen. Versuche, sie regelmäßig durchzuführen, wenn du dich mit ihnen wohlfühlst, aber mache keinen weiteren Punkt auf deiner To-do-Liste daraus. Auf keinen Fall soll dir hieraus Stress entstehen. Es soll dir Freude bereiten.

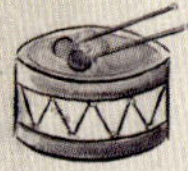

Alltagsritual: Den Tag begrüßen

Wenn du morgens aufwachst, nimm dir einen kleinen Moment Zeit, um ganz bewusst die Welt und den neuen Tag zu begrüßen.

- Bleibe einfach noch etwas liegen, nachdem du aufgewacht bist. Spüre in deinen Körper hinein, beginnend bei den Füßen und dann langsam mit deinem Geist hinaufwandernd, durch die Beine, das Becken, den Rücken, den Bauch und die Brust, Schultern, Nacken und Kopf. Mache dir bewusst, dass heute ein brandneuer Tag vor dir liegt, der unendlich viele Möglichkeiten bereithält.

- Nimm drei tiefe Atemzüge und sage bei jedem Ausatmen innerlich »Danke!«. Wenn du dann aufstehst, berühre kurz mit den Fingern die Erde – ganz gleich, ob du das im Schlafzimmer oder im Garten tust – und sage ebenfalls dreimal »Danke!«.

Diese Geste wird dir helfen, dich genau hier und jetzt zu Hause zu fühlen, dich mehr und mehr getragen zu wissen und so zugleich einen Teil deiner Weltsicht zu zelebrieren.

Es gibt bei den Übungen auch kein Richtig oder Falsch – niemand wird deine Erlebnisse bewerten und auch du selbst brauchst das nicht zu tun. Der schamanische Weg fordert stets dazu auf, eigene Erfahrungen zu machen und für sich persönlich herauszufinden, was stärkt und nährt. Da jeder von uns einzigartig ist, kann es nichts geben, was für alle Menschen gleichermaßen nützlich wäre. Vielleicht fühlt sich etwas heute gut und passend an, in einigen Wochen oder Monaten jedoch nicht mehr – dann wandele es bitte ab oder ersetze es durch etwas anderes, sodass es wieder stimmig ist.

Du bist das wertvolle Wesen, um das es geht

Ich freue mich, wenn du deine Erfahrungen in genau der Weise machst, die sich für dich stimmig und authentisch anfühlt – denn diesen Weg kann man nur gehen, wenn man in allem sich selbst treu bleibt. Und ich freue mich noch mehr, wenn dieses Buch ein wenig dazu beitragen kann, dass du dich selbst zutiefst als das überaus wertvolle Wesen erfährst, das Teil dieses großen Ganzen ist, das wir Leben nennen, und das mit all dem, was uns umgibt, auf eine tiefe und seelenvolle Art kommuniziert. Dieses Wunder geschieht wirklich jeden Tag, in jedem Moment – und wir alle können daran teilhaben! Lass uns ein kleines Stück dieser faszinierenden Reise gemeinsam gehen …

Wichtig ist die eigene Erfahrung

Der Schamanismus legt in all seinen über die ganze Welt verbreiteten Ausprägungen großen Wert auf die eigene Erfahrung. Es gibt hier so gut wie nichts, was du einfach glauben müsstest, ohne es selbst überprüft und erlebt zu haben. Und da der Schamanismus keine Religion ist, gibt es auch keine Regeln oder Dogmen, denen du dich anpassen müsstest. Worum es wirklich geht, ist deine Wahrnehmung, dein ureigener Zugang zur Welt: Was hörst du, wenn du aufmerksam lauschst? Was spürst du, wenn du deinen Blick über eine weite Landschaft schweifen lässt? Wie fühlt sich die Erde unter deinen Füßen an? Wie empfindest du die Begegnung mit einem Tier oder den Anblick einer dir unbekannten Pflanze? Es geht um dich, um deine Verbindung zur Welt und deinen Schamanismus, denn den Schamanismus gibt es nicht!

So nutzt du die Audio-Tracks

Dieses Buch begleitet dich ebenfalls mit vier Audio-Tracks. Drei davon sind geführte schamanische Reisen, beim vierten handelt es sich um eine reine Trommelsequenz, die du für freie Reiseerfahrungen nutzen kannst. Diese endet mit einem Rückholsignal von vier mal sieben Trommelschlägen und einer schnelleren Trommelsequenz für den jeweiligen Rückweg aus der Anderswelt.

Beginne am besten wie ab Seite 103 beschrieben mit der Krafttier-Suche (Track 1). Darin ist auch die Kraftort-Suche mit enthalten. Natürlich kannst du auch zur Kraftort- und Krafttier-Suche freie Reisen unternehmen.

Bitte widerstehe der Versuchung, die Tracks 1 bis 3 direkt hintereinander zu hören. Gehe lieber einen Schritt nach dem anderen und vertiefe von Mal zu Mal deine jeweiligen Erfahrungen.

Was können schamanische Methoden leisten?

Solltest du eine Thematik in dir spüren, bei der du mit den Übungen, Reisen und Ritualen in diesem Buch nicht weiterkommst, dann empfiehlt es sich, eine Schamanin oder einen Schamanen beziehungsweise schamanisch Praktizierende deines Vertrauens aufzusuchen und um Unterstützung zu bitten. Dies könnte zum Beispiel der Fall sein, wenn dir immer wieder bestimmte Situationen in deinem Leben begegnen, bei denen es dir trotz des Wunsches nach Veränderung nicht gelingt, anders als bisher zu reagieren. Manchmal tragen wir einfach Blockaden mit uns herum, die uns daran hindern, aus voller Kraft zu handeln. Hier kann eine schamanische Sitzung nützlich sein, da ein Helfer von außen oft das umgeht, was man »Betriebsblindheit« nennt. Wir sind vielleicht in einer Situation, in der wir den Wald vor lauter Bäumen nicht sehen. Deshalb haben sich die Schamanen alter Zeiten an »Kollegen« in einem anderen Dorf gewandt, wenn sie selbst Schwierigkeiten hatten. Auch die Schamanen heutiger indigener Völker handhaben dies so.

Niemand kann alles ganz allein bewältigen. Und niemand muss das! Allerdings ist Schamanismus auch keine Zauberei: Die Schamanin kann Informationen aus der Anderswelt einholen und auch innere Blockaden lösen, aber häufig sind gewisse Aufgaben Teil der Botschaft, und die kann nur der Klient selbst erledigen. Der Schamanismus führt letztlich in die eigene heilsame Handlung. Nur du selbst kannst eigenverantwortlich aktiv werden, die Botschaften aus der Anderswelt für dich selbst und dein Leben deuten und die Erkenntnisse dann praktisch im Alltag umsetzen. Auch der beste Schamane kann dir diese Aufgabe nicht abnehmen! In diesem Sinne ist der Schamane wie ein Reisebegleiter: Er kann den Weg weisen, dir Punkte auf der Landkarte erklären, dir Tipps geben, was du in deinen Rucksack packen solltest, dich darauf hinweisen, dass du genügend zu trinken mitnimmst, und vieles mehr. Aber er wird dich nicht tragen.

Im nächsten Kapitel beleuchte ich zum besseren Verständnis die Hintergründe des Schamanismus – denn dessen Ursprünge liegen nicht in weiter Ferne, sondern direkt vor unserer Haustür …

KULTURELLE URSPRÜNGE

Es gab eine Zeit, in der es auch im mitteleuropäischen Raum selbstverständlich war, alles in der Natur als beseelt zu betrachten, sich mit Tier- und Pflanzengeistern in Verbindung zu setzen, Jahreskreisfeste zu feiern, Bräuche und Riten zu pflegen und sich im stillen Zwiegespräch mit dem Heiligen auszutauschen. Man sprach mit seiner Kuh, mit den Ähren auf dem Feld, mit den Elementen, die jede Pflanze zum Wachstum benötigt, und mit den raunenden Fichten im Wald. Die Menschen ehrten die natürlichen Kräfte des Lebens mit Gebeten und Gesang, Musik und kleinen Opfergaben. Das Leben war reich und bunt und jedes Kind wusste: Alles hat eine Seele, und daher kann ich auch mit allem Kontakt aufnehmen, was eine Seele hat.

Ein solches Weltbild kennen wir heute nur noch von sogenannten Naturvölkern. Und doch ist diese uralte schamanische Sichtweise unser Ursprung. Genau hier liegen unsere Wurzeln verborgen, nach denen sich heute so viele Menschen sehnen – die Wurzeln eines natürlichen Lebens und der innigen Verbundenheit mit der Natur, die uns in unserer entfremdeten und technokratischen Gesellschaft abhandengekommen zu sein scheinen.

Halt haben im Leben

Vielleicht wünschst auch du dir einen Zugang zur Natur und zu dir selbst, der dich wieder ganz im Hier und Jetzt ankommen lässt, der dich dein Potenzial im Einklang mit deiner Seele leben lässt. Vielleicht spürst du instinktiv, dass dir der Zugang zu deinen Wurzeln ermöglichen wird, dich auf dieser Welt mehr zu Hause zu fühlen, deinen Platz einzunehmen und in deine Kraft hineinzuwachsen.

Wie ein Baum, der hoch in den Himmel wachsen will, brauchst auch du tiefe und weitreichende Wurzeln, um in deinem Leben Halt zu haben. Diese Wurzeln kannst du in einer schamanisch geprägten Spiritualität entdecken: Hier wirst du deinen Vorfahren aus längst vergangenen Zeiten begegnen, deren Sicht der Dinge kennenlernen und das für dich Gute und Brauchbare nach eingehender Prüfung in deinen Alltag übernehmen können. Ebenso wirst du die Verbindung zur Welt und ihren zahlreichen Wesen intensiver spüren. Und vor allem wirst du dich selbst mit jedem Ritual, mit jeder Meditation, mit jeder schamanischen Reise besser kennenlernen. Du wirst wissen, wer du wirklich bist, und von diesem sicheren Standort aus die Welt in all ihren Facetten freudvoll erforschen können.

Das Buch, das du in Händen hältst, begleitet dich auf diesem Weg. Nach und nach lernst du unterschiedliche Methoden kennen – mit vielen unmittelbar umsetzbaren Übungen sowie mit persönlichen Erfahrungsberichten und Hintergrundwissen zu Ursprüngen und Traditionen. Der Schamanismus ist keine exotische Angelegenheit. Es braucht fürs Erste nur einen Perspektivwechsel. Du kannst hier und jetzt damit beginnen.

Die erste Spiritualität

Die Menschheit hat ihre Ursprünge im afrikanischen Raum. Dort lebten wir, jagten, sammelten und machten uns auf, dem Horizont entgegenzulaufen. Wir folgten den Tierherden, lebten in inniger Beziehung zur Natur und erhielten von ihr alles, was wir zum Leben brauchten. Wir waren gleichsam neugierige Kinder der Erde und wollten wissen, wie es in der Ferne aussieht, wie dieser Berg beschaffen war, wohin jener Fluss führte. Unsere nackten Füße berührten die Erde, brachten uns zunächst nach Norden, dann nach Westen und nach Osten.

Wir konnten uns anpassen, konnten überall leben und zu Hause sein. Gleichzeitig überlegten wir, was das große Gewölbe über uns sei, das tagsüber vom Licht der Sonne erfüllt war und nachts von Myriaden Sternen verziert wurde. Wir fragten uns, was nach dem Tod mit uns und was mit den Seelen der Tiere, die wir töteten, geschehen würde. Wir sahen riesige Tierherden, erlebten Gewitter und Stürme, das Meer und die Wüste, spürten den Wind und den Schnee, Feuer und Eis. Überall, so wurde uns schnell klar, war das Leben gegenwärtig.

Alles ist lebendig, alles hat eine Seele, alles ist beseelt. Und aus dieser Erkenntnis, diesem Ahnen der Zusammenhänge der Welt erwuchs die erste Form von Spiritualität: Der Schamanismus war geboren und er verbreitete sich in unterschiedlichen Ausprägungen. Dieser spirituelle Weg war lange Zeit der einzige Weg, den Menschen kannten, bis sich dann viel später andere spirituelle und religiöse Wege entwickelten, die, so sinnvoll manches war, was sie lehrten, doch oftmals den Kontakt zur Welt der Natur verloren hatten.

Während schamanische Strukturen in manchen Teilen der Welt verschwanden und durch neue Vorstellungen abgelöst wurden, hielten sie sich andernorts – wenn auch manchmal in Religionen versteckt – bis zum heutigen Tag. Auch in Nord- und Mitteleuropa finden sich noch schamanische Vorstellungen und Praktiken im Volksbrauchtum. Als sich das

Christentum durchsetzte und die alten Naturreligionen beziehungsweise die alte Spiritualität verdrängte, blieben manche schamanischen Überlieferungen erhalten: in Mythen, Märchen, Sagen und Legenden oder bei Kräuterkundigen und Hebammen und in dem, was von der Kirche gern als »Aberglaube« bezeichnet wurde und wird.

> **Nur wer wirklich in Kontakt mit den eigenen Wurzeln ist, kann Identität entwickeln und dann viel besser andere Kulturen verstehen.**
>
> **Doña Eufemia Vilma Cholac Chicol**

Ganz zur Welt gehören

Ehrfurcht vor den Kräften der Natur war all diesen alten Wegen eigen, und ich bin überzeugt, dass diese Ehrfurcht heute wieder gebraucht wird. Zum einen, um der Zerstörung der Natur entgegenzuwirken, zum anderen aber auch, um den Menschen an seiner Seele gesunden zu lassen, sodass er sich wieder dieser Welt zugehörig fühlt und ganz und heil werden kann. Die folgende Übung ist relativ leicht und im Grunde überall durchführbar. Damit möchte ich dich direkt einladen, das gerade Gelesene zu erleben und in dir zu erspüren.

Übung: Spürbar Teil von allem sein

Es gibt eine Sache, die immer bei dir ist und die dich mit allen Lebewesen verbindet: dein Atem. Du atmest frische Luft ein, die von den Meeren und den Bäumen gereinigt wurde – Luft, die schon durch Milliarden menschliche und tierische Lungen geatmet wurde und immer wieder geatmet werden wird.

So bist du Teil eines riesigen Kreislaufs.

Eine sehr gute Übung, sich dies bewusst zu machen, ist es, ganz präsent den eigenen Atem wahrzunehmen. Wähle für diese Übung einen Ort, an dem du dich wohlfühlen und zur Ruhe kommen kannst. Das kann dein Wohnzimmer genauso gut wie ein Platz in der Natur sein.

- Setze dich möglichst aufrecht hin. Atme ein und aus.
- Beobachte deinen Atem eine Weile.
- Beginne dann zu visualisieren, dass du dir die Luft mit allen Wesen teilst und so mit der ganzen Welt verbunden bist.

Diese Übung kannst du solange und sooft du möchtest machen.

KAPITEL 2

UMGEBEN VON LEBENDIGEM

Unsere Welt wird von den verschiedensten Lebensformen bevölkert. Steinwesen, Pflanzenwesen, Tiere, Ahnengeister und viele andere Naturwesen – all die Spirits – existieren mit uns und können mit dieser Fülle unser Leben vielfältig bereichern. Sie alle haben eine eigene Geschichte und eine eigene Stimme, der wir lauschen können, um sie und auch uns selbst besser zu verstehen.

WIE DIE WELT ZU UNS SPRICHT

Es gibt nichts auf der Welt, was nicht zu uns spricht. Alles und jedes offenbart ständig seinen Charakter, sein Geheimnis.

Hazrat Inayat Khan

Über anderthalb Jahrtausende hat sich mit der Expansion des Christentums zunehmend die Ansicht durchgesetzt, dass nur Menschen über eine Seele verfügen würden, andere Lebewesen indes unbeseelt seien. Aber über die letzten 300 Jahre ist auch dieses Reden von einer menschlichen Seele immer leiser geworden. Die alte Weltsicht ist einer weitgehend mechanistischen Betrachtungsweise der Welt gewichen, derzufolge alles, also sämtliche Materie inklusive des menschlichen Körpers, wie ein riesiges Uhrwerk funktioniert und in der das Denken dem Gefühl als überlegen gilt. Auch wenn im Paragraf 90a des Bürgerlichen Gesetzbuches in Satz 1 »Tiere sind keine Sachen« steht, werden sie nach dem 3. Satz dennoch rechtlich wie eine Sache behandelt, sofern gesetzlich nicht anders vorgesehen. So werden Tiere wieder zu »Sachen« im Strafgesetzbuch (Paragraf 242 Diebstahl und Paragraf 303 Sachbeschädigung).

Doch wenn wir ganz ehrlich zu uns selbst sind, kann uns diese Sichtweise der Welt nicht wirklich zufriedenstellen. Jede noch so ausgefeilte Theorie wird uns nicht von dem Gefühl abbringen, das in uns aufscheint, wenn wir einem Tier in die Augen sehen. Kennst du irgendjemanden, der ernsthaft behauptet, sein Hund, seine Katze, sein Pferd seien seelenlos?! Und kannst du selbst nicht auch den Seelenfunken in jedem Wesen erkennen? Wann immer du dich wirklich auf ein anderes Lebewesen einlässt, ihm erlaubst, dir nahezukommen, wirst du etwas Verbindendes spüren: eine Kraft, die in dem anderen Wesen genauso wie in dir wirkt.

Wie sonst sollte überhaupt etwas leben oder existieren, wenn es nicht eine Seele hätte, wenn es nicht beseelt wäre?!

Ich glaube, wir alle haben ein untrügliches Gefühl dafür, zu erkennen, dass jedes Wesen leben und glücklich sein will, seine Jungen aufziehen und sich geschützt und sicher fühlen möchte.

Und wenn uns das klar ist, wird es uns auch nicht schwerfallen, uralten Bäumen etwas Seelenvolles zuzusprechen, der Eiche, der Buche oder der Birke, die sich dem Licht entgegenrecken. Wir können dieses Leben auch im Farn entdecken, der sich im Wald ausbreitet, im Bärlauch, der den Boden duftend bedeckt, im Efeu, der den Baum emporklettert. Ebenso wird uns das Leben begegnen, wenn wir den Bach plätschern hören oder das Meer mit seinen meterhohen Wogen erblicken. Vielleicht fällt uns diese Sichtweise bei Steinen schwer, doch sie sind aus Mineralien gebildet, die unser Leben erst ermöglichen. Möglicherweise fällt es uns beim Anblick eines majestätischen Berges schon leichter, der auf der Erde thront, seit Urzeiten nahezu unbeweglich, und der doch eine unbestreitbar tiefe Ausstrahlung hat.

Steinwesen bevölkern unsere Welt seit Äonen und können daher auf einen reichen Erfahrungsschatz zurückgreifen – kaum ein Wesen hat mehr gesehen als sie. Aus diesem Grund werden sie als »Großväter« und »Großmütter« bezeichnet. Ebenso wie uns einst unsere menschlichen Großeltern Geschichten über längst vergangene Tage erzählt haben, werden uns auch die Steinwesen Geschichten zuflüstern, wenn wir uns in kontemplativer Weise mit ihnen verbinden. Es lohnt sich, den Alten zu lauschen.

Jedes Lebewesen singt sein eigenes Lied – und der schamanische Weg schult unsere Sinne darin, achtsamer zu werden, intensiver zu lauschen, genauer hinzuschauen, sorgfältiger zu riechen und zu schmecken, mit mehr Hingabe zu fühlen, vertrauensvoller zu erahnen und das jeweilige Lied in all seinen Nuancen wahrzunehmen.

Auf das Erleben kommt es an

Wenn du deinem Gefühl vertraust – oder dich auch von den neuesten Forschungsergebnissen überzeugen lässt (siehe unten) –, wird dein inneres Erleben immer weiter werden. Dann wirst du überall nur noch Verwandte sehen: Verwandte mit Fell, mit Krallen, mit Federn und mit Flossen, mit zwei, vier, sechs, acht oder hundert Beinen, mit Blättern und Blüten, mit tiefen Wurzeln und in die Höhe ragenden Ästen, mit hölzernen, steinernen oder fließenden Körpern. Du wirst das Leben in allem sehen: Leben, das leben will, genau wie du!

Um diese Erfahrungen zu machen, ist es wichtig, sich unvoreingenommen auf neue Erlebnisse einzulassen. Und da dieses Buch vor allem ein praxisnaher Wegbegleiter sein mag, möchte ich dir zur Einstimmung eine Medizinwanderung vorschlagen – ein Ritual, das dich ganz praktisch beginnen lässt, einem eigenen schamanischen Weg zu folgen und die Grundzüge dieser Weltsicht zu erfahren (siehe Seite 33).

Schwingung und Energie

Diese Sicht der Welt ist auch durch Experimente nachweisbar. Die moderne Physik hat längst unser materielles Weltbild auf den Kopf gestellt. Offenbar ist die Materie nicht so kompakt, wie wir angenommen haben. Atome, die die Bausteine jeder Materie sind, bestehen zu 99,9999 Prozent aus leerem Raum, in dem Elektronen wie winzige Monde

um ihren Planeten (den Atomkern) kreisen. Und der Atomkern selbst, der aus Protonen und Neutronen zusammengesetzt ist, die ihrerseits wieder aus Quarks gebildet werden, scheint zu 95 Prozent aus reiner Energie zu bestehen – und zwar aus der Bindungsenergie der Quarks, die den Atomkern stabil hält. Jede noch so »tot« erscheinende Materie ist also ein vibrierender Verbund aus höchst lebendigen Teilchen.

Die Natur als Spiegel der Seele

Mitakuye Oyasin – alles ist mit allem verbunden. Dieser Satz aus der Sprache der Lakota beschreibt einen der Grundpfeiler des schamanischen Weltbildes. Die gesamte Natur ist ein Teil von uns und wir sind Teil von ihr. Wenn wir uns intensiv mit ökologischen Fragen beschäftigen, werden wir auch ganz ohne spirituellen Ansatz zu dieser Erkenntnis geführt. Das Leben ist ein verwobenes Netz aus wechselseitigen Beziehungen. Nichts kann ohne das jeweils andere existieren. Wir sind alle miteinander verbunden und voneinander abhängig: Du selbst, der Maulwurf im Garten, der Katzenhai in der Nordsee, deine Darmbakterien, die alte Kiefer hinterm Haus – wenn eines dieser Wesen fehlt, wirkt sich das auf alle anderen aus.

Wenn wir unser Bewusstsein dahingehend erweitern, kann uns die Natur als Spiegel dienen und uns helfen. In nahezu allen indigenen Völkern haben die Menschen die Zeichen der Natur gedeutet: den Flug der Vögel, die Bewegung des Windes, das Rauschen der Blätter in den Baumkronen oder die Stille einer Waldlichtung. Auch im hiesigen Kulturraum gibt es eine Fülle von Zeugnissen der druidischen Traditionen oder jener der alten Seherinnen, die sich solcher Methoden bedient haben. Hier ist zu erwähnen, dass diese Zeugnisse zumeist von christlichen Beobachtern aufgeschrieben wurden und somit deutlich von deren Weltbild und Erfahrungshorizont eingefärbt sind. Wenn dich dieses Thema stärker interessiert, schau dir gern einmal unser Buch *Urkraft des Nordens* an, das ich mit Dirk Grosser gemeinsam geschrieben habe (siehe Literaturhinweise im Anhang).

Antworten aus der Natur

Eine Medizinwanderung (Medicine Walk) ist ein bewusster Aufenthalt in der Natur, der einer zuvor klar festgelegten persönlichen Absicht oder Frage dient. Hierbei lassen wir uns treiben, wir spüren, wohin es uns zieht, lauschen dem Land und seinen Bewohnern und verweilen an bestimmten Orten, bevor wir weitergehen. Es ist also keine Wanderung im herkömmlichen Sinne. Es gibt kein klares Ankunftsziel im Außen, dafür eine Frage im Inneren, die unseren Weg leitet.

Dieses Schwellenritual finden wir im keltischen Schamanismus ebenso wie in Walkabouts der Aborigines und als Teil der Visionssuchearbeit der indigenen Völker Nordamerikas. Je klarer die Absicht oder Frage formuliert ist, desto klarer wandern wir diesen sinnlich erfahrbaren Weg der Heilung, Inspiration und Selbsterfahrung.

Das Wort »Medizin« findet hier deshalb seinen Platz, weil alles, was wir dort draußen finden, für uns in irgendeiner Form heilsam sein wird. Wir erfahren sowohl sämtliche verfügbaren Ressourcen in unserem Inneren als auch die Heilkräfte von Mutter Erde, mit allen gefiederten, kriechenden, krabbelnden und steinernen Ahnen, deren Botschaft sich uns erschließen kann, wenn wir mit wachen Sinnen umherwandern. Du kannst die Medizinwanderung als Einladung in eine neue Welt verstehen, die zugleich eine ganz alte Welt offenbart, welche deiner Seele schon lange vertraut ist.

Mögliche Fragen für deine Medizinwanderung

Im Folgenden gebe ich dir einige Beispiele für mögliche Fragestellungen. Dabei führe ich hier und da Deutungsmöglichkeiten auf. Diese können dir als Anregung dienen und dein Verständnis für die Sprache der Natur erweitern. Aber bitte bedenke dabei immer: Grundsätzlich gilt für alle Zeichen im Außen, dass nur deine eigene Interpretation für dich die richtige ist. Achte einfach auf das, was du selbst ganz spontan assoziierst, was dir unmittelbar dazu einfällt, was deine ureigene Intuition dir zuflüstert

Was kann mir helfen, Zugang zu mir selbst und zur Welt zu bekommen?

Diese Frage empfehle ich wie gesagt als erste, um dich wieder auf die Natur und ihre Botschaften einzulassen. Wenn dir dann bei deiner Wanderung beispielsweise immer wieder junge weiße Birken ins Auge fallen, kann das darauf hindeuten, dass du die Kraft des Anfangs (die Birke steht traditionell für Neuanfänge), die Kraft des offenen Blickes, den sogenannten Anfängergeist neu schätzen lernen darfst.

Was brauche ich, um die vergangene Phase meines Lebens abzuschließen?

Bevor wir etwas Neues beginnen, muss das Alte erst wirklich zu Ende gebracht werden. Dann kannst du befreit in deiner vollen Kraft sein. Wenn du mit dieser Frage wanderst und zum Beispiel eine Brücke (sozusagen als Hinweis auf deinen derzeitigen Weg) morsch unter deinen Füßen knarzt, könnte dies bedeuten, dass du einen anderen Weg einschlagen oder die Brücke erneuern solltest.

Was hilft mir, mein Leben neu auszurichten?

Manchmal sind wir an einem Punkt angekommen, an dem es nicht mehr so recht weitergeht. Wir wissen, dass wir etwas ändern müssen. Doch wir wissen nicht, wie das geschehen soll. Wenn du mit dieser Frage unterwegs bist und dir begegnen beispielsweise wiederholt Eichhörnchen, könnte das darauf hindeuten, dass du zuerst einmal für dich selbst sorgen und dich gut nähren solltest.

Wie gehe ich mit meiner Krankheit um?

Auch wenn du medizinisch in guten Händen bist, möchtest du vielleicht etwas tun, um deinen Heilungsprozess zu unterstützen. Möglicherweise willst du nach einer überstandenen Erkrankung einfach schnell wieder auf die Beine kommen. Wenn du dann auf deiner Wanderung ein Tier erblickst, das in seinem Bau verschwindet, kann das darauf hinweisen, dass du dich um einen Rückzugsort kümmern, dir eine »Höhle« bauen solltest, in der du dich ganz geborgen ausruhen kannst.

Was braucht mein Körper, um heil zu werden?

Diese Frage stellt sich vielleicht, wenn du insgesamt an Erschöpfungszuständen leidest oder wenn gewisse »Zipperlein« immer und immer wieder auftauchen. Eine Antwort der Natur kann auf den gerade erwähnten Rückzug hindeuten. Aber es kann auch sehr konkret werden, wenn du beispielsweise gedankenverloren in ein Brennnesselfeld hineinschlenderst und verstehst, dass dir die Natur mitteilen möchte, dass eine Reinigungskur mit Brennnesseltee für dich ansteht.

Die Zeichen verstehen

Eine Medizinwanderung ist ein intensiver Erkenntnisprozess, in dem wir unserer Seelenlandschaft ganz nah kommen und Pforten zur Anderswelt öffnen können – dem Teil der Welt, der im Alltag meist unseren Sinnen entzogen ist. Wir lesen und deuten die Zeichen im Außen. Bei allen Hinweisen aus den Welten der Steine, der Pflanzen oder Tiere bleiben wir geerdet und legen so einen Grundstein für tatkräftiges Handeln, um das Erfahrene im Alltag umzusetzen. Die Deutung dieser Zeichen und Übersetzung in Worte beziehungsweise Antworten kann ein wenig Übung erfordern, sei also geduldig und liebevoll mit dir, wenn sich eine Antwort nicht sofort offenbart. Manches verstehen wir alle erst nach und nach.

(Traditionell wurde die Medizinwanderung zu verschiedenen Zwecken angewandt, die heute teilweise aktueller denn je erscheinen. Du kannst dich auf eine Medizinwanderung begeben, wenn du eine Antwort auf eine wichtige Frage suchst oder Klarheit bei einer Entscheidungsfindung benötigst. Wenn du einen Lebensabschnitt (Ehe, Elternschaft, Renteneintritt, Umzug und so weiter) gut beginnen oder beschließen möchtest, wenn du eine Krise zu bewältigen hast oder ganz allgemein Sinn suchst, kann diese Übung dir frische Impulse geben und neue Wege aufzeigen. Ebenso hilfreich ist die Wanderung bei fehlender Erdung im Leben oder wenn du dir einfach eine Oase im lauten Alltag wünschst. Für den Zweck dieses Buches möchte ich dir vorschlagen, deine erste Medizinwanderung zu unternehmen, um der Erde und dir selbst wieder nahezukommen, um Zugang zu deiner ganz eigenen Erfahrung der Welt zu finden.

Vorbereitung

Vielleicht hilft es dir, wenn sich jemand bereit erklärt, dich zu einem verabredeten Zeitpunkt an einem bestimmten Ort wieder abzuholen. So musst du dich auch nicht gedanklich damit auseinandersetzen, wie weit du noch gehen kannst. Gleiches gilt für dein Bedürfnis, eine Karte mitzunehmen, wenn du dich dann entspannter auf deine Medizinwanderung einlassen kannst.

Dein Handy solltest du dann natürlich erst zum Ende der Wanderung hin einschalten und nur für diesen einen Anruf nutzen. Ansonsten bleibe bitte für Anrufe, SMS oder E-Mails unerreichbar und genieße die heilsame Medizin der Stille für deine Innenschau. In diesen Stunden bist nur du allein wichtig.

Denke also daran, deine Familie einfach liebevoll zu informieren und jenen Bescheid zu geben, die sich sorgen würden, wenn sie dich nicht gleich erreichen. Aus Erzählungen weiß ich, dass dies für viele Menschen wichtig ist, da sie oft sofort auf solche

Nachrichten reagieren. Falls das bei dir ohnehin kein Thema ist, kannst du meinen Hinweis entspannt ignorieren.

Wenn du für dich deine klare Intention gefasst hast, kannst du damit zum nächststimmigen Termin loswandern. Viel Freude bei deinem tiefgreifenden Ritual!

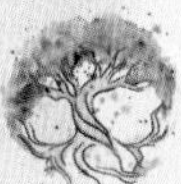

Naturritual: Medizinwanderung

Du verbringst diesen Tag tief verbunden mit deiner Frage, die dich derzeit bewegt und auf die du dir eine Antwort von Mutter Erde und all ihren Wesen wünschst. Mache dir dies bei sämtlichen Zeichen und Begebenheiten, die du im Laufe des Tages wahrnimmst, stets wieder bewusst. Am Tag der Wanderung breche bei Sonnenaufgang allein in die Natur auf und kehre zum Sonnenuntergang wieder zurück. Am besten unternimmst du diese erste Wanderung in der Gegend, in der du lebst oder in der du dich auskennst.

So kannst du ziemlich entspannt auch einmal abseits der Wege durchs Unterholz gehen, ohne von der Angst, dich zu verlaufen, abgelenkt zu werden. Du kannst dich in Feld und Wald wahrhaft treiben lassen, ohne auf Wanderwege Rücksicht nehmen zu müssen. Aber selbstverständlich halte dich bitte an Grundstückseigentum, an Verkehrsregeln und bitte ebenso an die Brut- und Setzzeit unserer heimischen Tierwelt. Dies kannst du sicherheitshalber unter den Stichworten »Brut-« und »Setzzeit« im Internet recherchieren.

- Verbringe diesen Tag fastend und schweigend im heiligen Raum von Mutter Erde. Nimm dir lediglich ausreichend Wasser zum Trinken mit.

- Vertraue dich ganz den Zeichen der Natur an, zum Beispiel dem Flug der Vögel oder dem Ruf eines Tieres. Du kannst Tierspuren auf dem Waldboden folgen oder dich auch von einem »winkenden« Ast auf einen bestimmten Weg einladen lassen.

- Halte an Plätzen inne, zu denen du dich hingezogen fühlst oder an denen ein Hinweis der Natur dich zum Verweilen einlädt. Vielleicht möchtest du dort meditieren oder still den Blick schweifen lassen.

- Solch ein Moment wäre auch ein guter Zeitpunkt, die Intention der Medizinwanderung erneut klar zu formulieren. Nach einem kurzen Nachspüren oder Lauschen wirst du vermutlich Impulse zum Weitergehen erhalten und kannst deinen Weg fortsetzen.

Gönne dir diese ablenkungsfreie Zeit der Inspiration, Visionsfindung und Muße – es wird sich für dich in vielerlei Hinsicht lohnen.

Nachbereitung

Nach Hause zurückgekehrt, kannst du den restlichen Abend nutzen, um deine ganz persönliche Geschichte der Medizinreise aufzuschreiben und somit aus der Anderswelt in die materielle Welt zu holen. Mache dir den Reichtum deiner Erlebnisse noch einmal deutlich bewusst und ergänze das, was du erfahren hast, um das, was du nun in deinem Leben ändern, anstreben oder ausleben möchtest. Oft ist es schwer, das Erlebte in Worte zu fassen, weil die Grenzen der Worte enger sind als das grenzenlose Geschenk der Natur. Die Impulsgebung reicht weit über konkret beschreibbare Geschehnisse hinaus. Dennoch ist es wichtig, die Inspiration aus dem spirituellen ins materielle Dasein zu holen. Du kannst auch ein symbolisches Kraftbild malen oder deine Erfahrung auf eine andere kreative Weise darstellen. Falls du diesen Tag zeitgleich mit anderen Wanderern und/oder Wanderinnen begehst, so könnt ihr abends an einem Feuer zusammenkommen und all das teilen, was sich ausdrücken möchte. In diesem Rahmen findet deine Geschichte Gehör und wird von anderen Menschen bezeugt, wodurch du die Erfahrungen tief im alltäglichen Leben verankern kannst und einmal mehr Verbundenheit erlebst.

Alltagstipp: Gern immer wieder

Du kannst diese Form der Verbindung mit der Natur immer wieder durchführen und dabei stets neue Intentionen setzen oder Fragen formulieren, auf die du in der Natur Antworten zu finden hoffst. Die Medizinwanderung ist ein kraftvolles Werkzeug, das du ohne allzu großen Aufwand jederzeit einsetzen kannst.

Möglicherweise hast du bisher keine solchen Erfahrungen gemacht und kannst dir nicht gleich etwas darunter vorstellen, oder es könnte dich einfach interessieren, wie ich solche Medizinwanderungen erlebe. Daher teile ich an dieser Stelle von Herzen gern eines meiner eindrucksvollen Erlebnisse von inzwischen unzähligen mit diesem Ritual.

Persönliche Erfahrung: Eine Wanderung zu mir selbst

Ich stand an einer entscheidenden Wegkreuzung in meinem Leben. Zu jenem Zeitpunkt wusste ich nicht, welchen neuen Weg ich einschlagen mochte – das Alte passte nicht mehr und das Neue hatte sich noch nicht entfaltet. Immer wieder kreisten meine Gedanken um die gleichen Themen und ich beschloss, die Grübeleien sein zu lassen und mich auf eine Medizinwanderung zu begeben.

Es ist nicht immer leicht, sich auf eine einzige Frage zu fokussieren, besonders wenn man sich gedanklich bereits sehr verstrickt hat. Welcher neue Weg ruft nach mir? Worauf soll ich meinen Fokus richten? Wie kann ich das Alte loslassen und das Neue freudig annehmen? So entschied ich mich schließlich für folgende Frage: Wie entfaltet sich

mein neuer Weg? Als Gaben nahm ich ein paar Nüsse und Samen mit und ging durch die verschneite Landschaft.

Irgendwann hörte ich von Weitem den rauen Ruf der Wildgänse und schaute mich in alle Richtungen um. Als ich sie erblickte, kamen sie aus dem neblig-grau verhangenen Himmel hoch oben gewissermaßen frontal auf mich zu.

Als der Schwarm von ungefähr 25 Gänsen direkt über mir war, riefen einige von ihnen, drehten einen Kreis, riefen erneut und drehten einen weiteren Kreis. Sie waren direkt über mir und ich sah mir ihr helles Bauchgefieder an, beobachtete ihre Bewegungen und war fasziniert, wie abgestimmt und einheitlich ihr Flug war. Da löste sich ein etwas kleiner aussehender Vogel aus dem Schwarm und flog weit nach rechts.

Die Gänse drehten noch ein paar Kreise – für mich ein deutlicher Hinweis auf meine kreisenden Gedanken und dass es nun an der Zeit war, nicht mehr zu kreisen, sondern Entscheidungen zu treffen. Dann fragte ich mich, ob es Zeit sei, den Schwarm zu verlassen und allein meiner Wege zu ziehen. Und wenn ja: Wofür stand dieser Schwarm überhaupt für mich?

In genau diesem Moment kam der einzelne Vogel zurückgeflogen, und als er hoch oben direkt über mir war, rief er mehrmals laut – es war eindeutig der Ruf eines Bussards. Mir war aufgefallen, dass er kleiner und irgendwie auch von anderer Farbe war als die anderen Vögel. Aufgrund seiner Entfernung vom Schwarm, des hellen Bauchgefieders und weil er gemeinsam mit den anderen flog, hatte ich jedoch nicht gleich erkennen können, dass er sich anscheinend nur zeitweise den Wildgänsen angeschlossen hatte. Faszinierenderweise flog der Bussard sogar die Formationen der Gänse eine Weile mit, um dann wieder seiner Wege zu ziehen. Und nun kreiste er in einer Art Spirale über mir und näherte sich mit jedem Kreis ein wenig mehr der Erde.

⟶

Ich verstand, dass ich gerade etwas lernen durfte – etwas, das ich schon einmal erfahren hatte, wenngleich es nun nicht mehr derselbe Kreis, dieselbe innere Frage war, sondern eine Frage auf einer neuen Ebene, die auch neu beantwortet werden musste. Ich erkannte für mich, dass es immer wieder Zeiten gibt, in denen ich die Gemeinschaft mit anderen sehr schätze und genießen kann, dann jedoch auch Zeiten für »Alleinflüge« folgen müssen. Und dass wir zeitweilig mit anderen Schwärmen mitfliegen, lernen und sein dürfen, um dann wieder klar und deutlich wir selbst zu sein.

Der Druck der vergangenen Tage und Wochen, mich einer Art »Grundsatzentscheidung« zu stellen, wich merklich von mir und ich konnte mich endlich wieder entspannen. So hielt ich mein Gesicht noch eine Weile in die Wintersonne und spürte, dass es um innere Balance ging, denn die Zeiten, in denen ich nur für mich sein und mich auf mein Inneres konzentrieren konnte, waren zu kurz gekommen. Ich atmete tief durch, legte einen Kreis aus meinen Gaben, den Nüssen und Samen, auf die Erde, bedankte mich für alle hilfreichen Impulse und machte mich schließlich wieder auf den Heimweg.

Als ich an dem kleinen Trampelpfad ankam, der zu unserem Haus führte, fand ich eine Bussardfeder, die dort wie ein auf mich wartendes Geschenk lag, und ich lächelte dankbar in Richtung Himmel.

VERBUNDENHEIT SCHENKT KRAFT

Viele Menschen klagen, dass ihnen Energie fehle, dass sie kaum noch die Kraft hätten, ihren Alltag zu bewältigen. Phänomene wie eine generelle Rastlosigkeit oder auch Burn-out sind heute weitverbreitet, ja sie werden in manchen Branchen fast schon als normal oder sogar als ein Qualitätsmerkmal angesehen. Der Grund liegt oftmals in einem mangelnden Kontakt zu sich selbst und zur Welt. Wir sind mit so vielen Angelegenheiten beschäftigt, opfern viel zu oft unsere Lebenszeit für einen Job, der uns nicht erfüllt, sehen geliebte Menschen, Tiere oder Landschaften viel zu selten, treiben uns in virtuellen Welten herum, werden dauernd von Werbung abgelenkt und sind von zahlreichen künstlichen Dingen umgeben, sodass wir das Echte – das, was wirklich zählt – oft übersehen.

Wie ein Baum, dessen Wurzeln beschädigt sind, der sich nicht in der Erde halten und aus ihr keine Nährstoffe ziehen kann, finden auch wir nicht ausreichend Halt, wenn wir uns nicht unserer Verbundenheit bewusst sind und sie uns immer wieder vergegenwärtigen. »Entfremdung« lautet die Bezeichnung für das Problem, das hinter so vielen Beschwerden steht.

Der schamanische Weg ist eine deutliche Gegenbewegung zur Entfremdung. Mithilfe seiner Methoden wie der Medizinwanderung, mit Meditationen und Ritualen können wir uns wieder einfinden, können wir uns selbst wieder als Teil der Welt erleben.

Die Energie der Elemente

Konzentrieren wir uns auf das Wesentliche und spüren uns zunächst einmal wieder in die vier grundlegenden Elemente und unsere Zugehörigkeit zu ihnen ein. Spüren wir das Feuer, die Luft, das Wasser und die Erde, aus denen unser Planet besteht – und werden wir uns bewusst, dass diese Elemente auch in uns lebendig sind.

Mit der Welt in Kontakt sein

Du bist auf dem besten Weg, das schamanische Weltbild für dich zu entdecken und es auf deine Art mit Leben zu füllen. Du hast begonnen, wieder Verbindung zur Natur und zu deinem Menschsein aufzunehmen. Das ist es, worum es im

Schamanismus geht: aufgrund der eigenen Erfahrung mit sich selbst und der Welt in Kontakt zu sein.

Es geht nicht um Magie, nicht um eine besondere Rolle innerhalb der Gesellschaft, sondern letztlich um authentisches Menschsein inmitten des großen Kreises alles Lebendigen.

Wenn wir genau hinschauen, stellen wir fest, dass dieses In-Kontakt-Sein von etwas durchdrungen ist, das die Wurzel aller spirituellen Traditionen ist: Liebe. Der schamanische Weg führt in vielen Belangen näher an die Welt heran, öffnet dein Herz und macht es dir so möglich, dich (immer) wieder oder vielleicht auch zum ersten Mal in die Welt zu verlieben.

Manchmal sind es auch gerade solche Tiere oder Pflanzen, zu denen wir gar keine Verbindung zu haben glauben, die uns etwas Wichtiges mitzuteilen haben: Spinnen, Würmer, Pilzflechten – was auch immer dir nicht so angenehm sein mag, kann dennoch Antworten liefern und dich darauf hinweisen, dass die Welt ein großes Ganzes ist. Ein großes Ganzes, zu dem alles dazugehört, einschließlich deiner selbst!

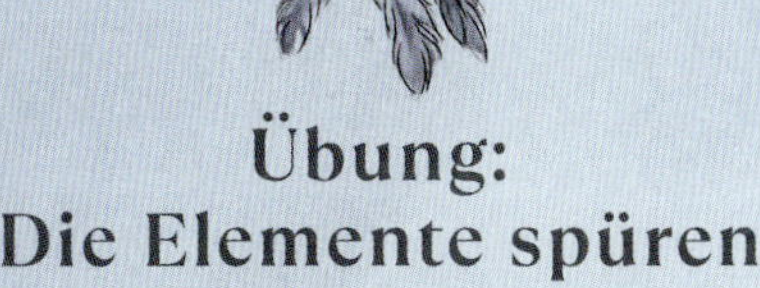

Übung: Die Elemente spüren

Nimm dir eine Flasche Wasser mit und suche dir einen ruhigen Platz in der Natur. Vielleicht findest du ein fließendes Gewässer? Wähle einen sonnigen Tag, an dem auch ein leichter Wind weht, und mache es dir bequem. Setze dich auf den Boden, lehne dich an einen Baum und entspanne dich.

- Achte auf deinen Atem, öffne deinen Geist, schaffe Raum in dir. Schließe deine Augen und wende dein Gesicht der Sonne zu. Spüre wie ihre Wärme dir und allem um dich herum Leben schenkt.

- Konzentriere dich erneut auf deine Atmung, erlebe, wie die Luft in deine Lunge strömt und dich mit Sauerstoff versorgt.

- Nimm nun einen Schluck aus deiner Wasserflasche. Spüre nach, wie das Wasser deinen Körper erfrischt, wie jede Zelle mit Flüssigkeit versorgt wird und wie dein Körper, der zu 70 Prozent aus Wasser besteht, es dir dankt. Fühle die belebende Wirkung.

- Bleibe nun noch eine Weile sitzen und nimm die Festigkeit der Erde wahr, auf der du sitzt. Erlebe den Halt, den die Erde dir gibt. Und mache dir bewusst, dass alles, was du an Nahrung zu dir nimmst, seinen Ursprung in dieser Erde hat.

- Spüre dem Leben nach, das von Feuer, Luft, Wasser und Erde hervorgebracht wird. Ohne die Elemente könntest du nicht sein. Erlebe, wie du mit diesen Elementen verbunden bist.

- Bevor du aufstehst und die Übung beendest, richte noch ein kurzes »Danke« an jedes Element.

KAPITEL 3

ALLES IST MITEINANDER VERBUNDEN

Wir sind Teil der lebendigen Natur, Teil eines großen Kreises. So, wie wir uns der uns umgebenden Natur öffnen, öffnet sie sich uns. So, wie wir mit ihr sprechen, gibt sie uns Antworten. Wenn wir uns mit weitem Herzen der Natur zuwenden, werden wir mit jedem Schritt im Garten oder in Wald und Feld auf Freunde treffen. All dies wird unseren Alltag bereichern und unserem Leben eine neue Dimension geben. Nicht zuletzt, weil »Natur« immer auch uns selbst mit einschließt.

WEITES HERZ, WEITES BEWUSSTSEIN

Der seelisch gesunde Mensch ist der nicht entfremdete Mensch, der liebend zur Welt in Beziehung tritt.

Erich Fromm

Der erste Schritt auf dem schamanischen Weg ist der intensive Kontakt zur Natur. Anders als viele spirituelle Wege trachtet der Schamanismus nicht danach, die Natur zu überwinden, sondern ganz im Gegenteil: Der schamanische Weg führt immer tiefer in die Natur hinein. Auch wenn die schamanische Reise, mit der wir uns im nächsten Kapitel beschäftigen werden (ab Seite 58), andere Bereiche der Wirklichkeit erkundet als die, die uns tagtäglich begegnen, ist damit nie eine Abwertung der diesseitigen Welt verbunden. Sie ist unser gemeinsames Zuhause – wir teilen sie uns mit Eichhörnchen, Füchsen, Ebereschen, Gänseblümchen, Buckelwalen, Flüssen und Bergen, die alle genau wie wir wichtige Facetten dieses wunderschönen Planeten sind.

Sich auf die Welt einlassen

Je bewusster wir die Umwelt wahrnehmen, desto klarer wird uns, wie deutlich auch die Natur uns sieht. Vielleicht hast du auf deiner Medizinwanderung festgestellt, dass Tiere, die du erblickt hast, ihrerseits auch dich angesehen haben. Gerade bei Eichhörnchen siegt oft die Neugier über die Angst, sodass sie uns gern von einem Ast aus beobachten und sich vielleicht ebenso über uns wundern wie wir uns über sie.

Wenn du mit den Übungen in diesem Buch weitere Erfahrungen machst, wirst du merken, dass nicht nur Tiere dich wahrnehmen, sondern auch Bäume, Felsen und selbst das Gras unter deinen Füßen. Du beginnst eine Beziehung mit der Welt, wie sie die meisten Menschen wahrscheinlich zuletzt als Kind erlebt haben, und erfährst eine Geborgenheit, die dein Herz ruhig und weit macht. Diese Weite wird es dir dann ermöglichen, noch mehr Aspekte der Welt zu entdecken.

Diese Beziehung zu pflegen, lässt uns jedoch nicht nur die Umwelt besser kennenlernen – auch uns selbst können wir aus einem neuen Blickwinkel betrachten. Eine intensive Beobachtung der Natur, ein wirkliches Sich-auf-die-Welt-Einlassen – beides zeigt uns einerseits das Große und Bedeutsame des Lebens, andererseits seine Schlichtheit und Einfachheit. Jedes Lebewesen und auch wir selbst erscheinen uns als großartig und zugleich als einfach da. Oder anders gesagt: als einfach großartig!

Die nächste Übung ist ein guter Weg, um deine Wahrnehmung zu verfeinern und die ganz eigene, völlig wertneutrale Qualität in allem zu entdecken. Sie weitet deinen Geist und hält dich davon ab, alles Wahrgenommene direkt in Schubladen von »angenehm« oder »unangenehm« beziehungsweise »gut« oder »schlecht« einzusortieren. Nehmen wir an, du schaust aus dem Fenster und siehst dort Nebel und von Wind und Dauerregen gepeitschte Bäume. Solltest du gleich mit deinem Hund spazieren gehen müssen, wäre dein erster Gedanke vermutlich so etwas wie »Was für ein mieses Wetter!«, das heißt, du würdest die Erfahrung sofort mit dem Etikett »unangenehm« versehen. Bedenken wir aber, dass es vielleicht seit Wochen nicht geregnet hat, die Erde und alle Pflanzen geradezu nach Wasser lechzen, so wäre die Bewertung aus der Sicht dieser Lebewesen sicherlich: »Herrlich, endlich eine Erfrischung!« Letztlich ist es aber nur Regen, eine steife Brise und Nebel, der über allem hängt. Es ist einfach das, was es ist.

Natürlich besteht auch die Möglichkeit, die Erfahrung neutraler zu sehen: »Es gibt kein schlechtes Wetter, sondern nur unpassende Kleidung!« Aber egal, ob solch ein Sprichwort zutreffend oder gar hilfreich ist oder nicht – es geht um diese ständigen inneren Kommentare und Bewertungen in jedem von uns und darum, diese ganz still werden zu lassen. Die Dinge so sein zu lassen, wie sie sind. Entspannt den alten Urteilen zuzulächeln und sie gehen zu lassen. Auf diese Weise entstehen Raum und Weite in deinem Geist, die neue Blickwinkel und eine feine Wahrnehmung einladen. Diese wunderbaren Qualitäten gehen leider viel zu oft in den Herausforderungen des Alltags unter oder kommen zu kurz. Doch genau das wünsche ich in diesen unruhigen Zeiten allen Menschen von Herzen. Lass uns dies gemeinsam in der folgenden Übung etwas tiefer erspüren.

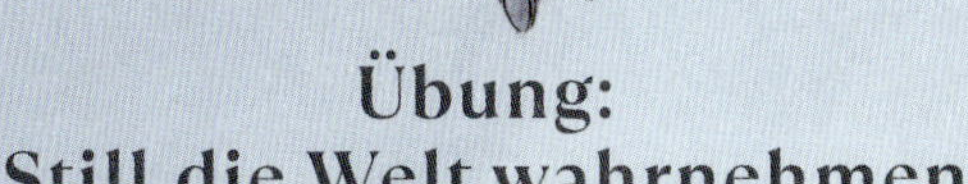

Übung:
Still die Welt wahrnehmen

Suche dir einen Platz in der Natur, an dem du für eine Weile ungestört bist. Das kann eine abseits gelegene Wiese sein, eine Waldlichtung oder auch einfach eine Parkbank.

- Setze dich bequem, aber möglichst aufrecht hin und schließe sanft die Augen. Entspanne bewusst deinen Körper, lasse etwaige Anspannungen in Schultern, Armen und Beinen, Rücken und Becken nach und nach los. Entspanne auch dein Gesicht, schenke dir selbst und der Welt ein Lächeln!

- Beginne dann, auf deinen Atem zu achten. Beobachte, wie die Luft in deine Nase strömt, durch deine Kehle und deinen Hals, in deine Brust und deinen Bauch. Fühle, wie sich Brust und Bauch heben und beim Ausatmen wieder senken. Verbringe einige Augenblicke mit der Beobachtung deines Atems und entspanne dich immer mehr. Gedanken, die auftauchen, können einfach weiterziehen – es ist nicht nötig, dass du dich mit ihnen beschäftigst.

- Geräusche von außen – der Wind in den Bäumen, das Knacken von Zweigen, der Gesang der Vögel, vielleicht das weit entfernte Bellen eines Hundes oder das Summen von Insekten – kannst du wahrnehmen, ohne sie gedanklich genau zu identifizieren. Lausche ganz einfach! Nicht mehr und nicht weniger. Lasse deinen Geist still sein und in der bloßen Wahrnehmung der Phänomene ruhen.

- Stelle dir dann vor, wie der Raum in dir mit der Einatmung weiter wird und mit der Ausatmung Altes und nicht mehr Benötigtes aus dir weicht. Mit jedem Einatmen öffnest du dich der Welt, der Wahrneh-

⟶

mung dessen, was dich umgibt und durchdringt. Mit jedem Ausatmen lässt du alte Vorstellungen, Glaubenssätze und Überzeugungen los.

Mache diese Übung wenn möglich täglich für zehn Minuten. Du wirst schon nach kurzer Zeit feststellen, wie in dir eine große Offenheit entsteht, wie deine Sinne sich weiter in die Welt ausstrecken und dass du immer mehr, immer feiner wahrnimmst.

Vielleicht kommt dir die Übung noch nicht sehr schamanisch vor, doch sie ist eine gute Grundübung, die unseren Geist für alle weiteren Übungen vorbereitet, sodass uns auch andere Übungen leichter fallen. Je stiller unser Geist ist, je offener wir sein können, desto klarer werden unsere schamanischen Reisen sein, desto deutlicher werden die Botschaften sein, die wir erhalten.

Der große Kreis des Lebens

Alles hängt miteinander zusammen. Wohin wir auch blicken, sehen wir lebendige Wesen, die mit anderen im Austausch stehen. Im Schamanismus betrachten wir die ganze Welt als eine einzige große Symbiose, als einen großen heiligen Kreis. In diesem riesigen Kreis beziehungsweise Kreislauf hängt alles voneinander ab und bedingt einander. Ohne Bäume gäbe es keine für uns atembare Luft, ohne Regen gäbe es keine Bäume, ohne Wolken gäbe es keinen Regen, ohne Meere gäbe es keine Wolken. Und das ist nur ein sehr vereinfachtes Beispiel eines unglaublich komplexen Wechselspiels, das tagtäglich in der Natur stattfindet und unser Leben überhaupt erst ermöglicht. Auf wirklich allen Ebenen des Daseins können wir diese Verknüpfungen beobachten: Wenn etwa die Bienen durch den immensen Einsatz von Pestiziden sterben, werden viele Pflanzen nicht mehr bestäubt, was erheblichen Einfluss auf nachfolgende Ernten hat. Wenn die natürliche Bestäubung wegfällt, die Ernten dadurch immer schlechter werden und das Wenige, das bleibt, durch Pestizide vergiftet ist: Wem kann das nützen? Das Leben ist ein heiliger Kreis, in dem wir aufgehoben sind, in dem jedoch auch jede Handlung letztlich auf uns zurückfällt. Leider können wir dies bereits deutlich erkennen, auch bei all den blühenden Pflanzen am Wegesrand, die immer weniger werden und bei denen nicht die Ernte das Thema ist, sondern die Vielfalt und Farbenpracht unserer Flora.

NATUR UND SELBSTERKENNTNIS

Das schamanische Weltbild, das von einem inneren Sinn für das Heilige eines jeden Lebewesens geprägt ist, kann uns dabei helfen, uns in diesen großen Kreis einzufinden. Wenn wir lernen, die Welt achtsam und liebevoll zu betrachten, entsteht ein Gefühl für den Platz, den wir in dieser Welt einnehmen können, und ebenso ein Gefühl für den Weg, den wir sinnvollerweise einschlagen.

Je tiefer sich unsere Beziehung zur Natur und ihren Wesen gestaltet, desto besser verstehen wir die Botschaften, die sie für uns bereithalten, und letztlich auch uns selbst. Vielleicht ist dir schon bei deiner Medizinwanderung (Seite 33) aufgefallen, wie die kleinsten Dinge, die uns in der Außenwelt begegnen, ein Spiegel für unsere inneren Vorgänge sein können. Wir erleben uns zum Beispiel als schwach und verletzlich, weil im Alltag Anforderungen an uns gestellt werden, denen wir uns momentan nicht gewachsen fühlen – und dann sehen wir hohe, schlanke Bäume, die sich im Wind bewegen, die nachgeben, um nicht zu brechen, die sich weit zur Seite neigen, die biegsam und flexibel sind … Ein solches Bild kann uns zu einem anderen Umgang mit unseren Herausforderungen bewegen.

Die Deutungshoheit liegt allein bei dir

Das Schöne am schamanischen Weg ist, dass es in keinem Bereich ein Dogma gibt, an das du dich halten musst. Wenn dir das gerade genannte Bild in der Natur begegnet, dann obliegt es einzig dir selbst, dieses für dich zu deuten und es in dir aufzunehmen. Das gleiche Bild kann für zwei verschiedene Menschen etwas völlig Unterschiedliches bedeuten. Alles auf dem Weg ist individuell und hat immer ganz persönlich mit dir zu tun. Sowohl bei der Medizinwanderung als auch bei dem folgenden grundlegenden Ritual des Naturbildes (Seite 33) geht es um diese Fragen: Was genau sehe ich – und was bedeutet es für mich? Was macht das mit mir? Was löst es in mir aus? Wie fühlt es sich an? An was erinnert es mich? In welchem Zusammenhang steht es mit meinem Leben und Erleben? Was kann ich daraus lernen? Wie kann ich das Gelernte in meinen Alltag überführen? Interpretieren, einordnen, bewerten kann jeder Mensch nur für sich selbst. Dabei ist es wohltuend, in eine Freiheit einzutauchen, die auf gesellschaftliche Vorstellungen, Konventionen und Konzepte verzichtet. Die Ideen anderer sollten

sich nicht vor unser eigenes Erleben stellen. Mithilfe der Natur lernen wir so wieder, unseren eigenen inneren Impulsen zu vertrauen, auf unser Bauchgefühl zu hören, uns selbst als Teil von allem zu lauschen und unsere eigene Weisheit zu entdecken.

Ein freundlicher Ort

»Vertrauen« ist das große Stichwort. Vertrauen in uns selbst, Vertrauen in die Natur, Vertrauen darin, dass die Natur nur unser Bestes im Sinn hat und uns auf unserem Weg stets unterstützt. Albert Einstein hat einmal gesagt, dass die wichtigste Frage, die ein Mensch sich stellen könne, laute, ob das Universum ein freundlicher Ort sei oder nicht …

Der Schamanismus ist sicher ein Weg, auf dem man diese Frage sehr positiv beantworten kann. Ja, dieses Universum, diese Welt ist ein freundlicher Ort – ein Ort, der es uns erlaubt, uns selbst auszuprobieren, zu wachsen, uns auszustrecken und Erkenntnis und Weisheit in uns zu finden! Welche Frage du auch hast: In der Natur kannst du Antwort und Unterstützung bekommen. Aber weil du mir das alles nicht einfach glauben sollst, sondern bestimmt lieber eigene Erfahrungen machst, möchte ich dich nun zu einer Übung einladen, die mich seit Jahren hilfreich begleitet und die ich auch – mit oft überraschenden Ergebnissen für die Teilnehmenden – in meinen Seminaren anwende.

Alltagsritual: Ein Naturbild bauen

Ein Naturbild zu legen oder zu bauen ist eine wunderbare Möglichkeit, das eigene Innere im Außen sichtbar zu machen und auf eine andere Ebene zu bringen. Für manche Herausforderungen oder Konstellationen in unserem Leben ist es wertvoll, sie aus den inneren Ebenen, die uns tief bewegen und möglicherweise in uns rumoren, oder den geistigen Ebenen des permanenten Grübelns herauszuholen und

⟶

sozusagen das unsichtbar Seelische als Bild be-greifbar zu machen. Hierbei sind der Kreativität keinerlei Grenzen gesetzt, alles darf sein, und so sind die folgenden Beispiele eher als Impulse gedacht, die genau das in dir freisetzen werden, was dir entspricht – auch und gerade, wenn du es völlig anders umsetzen wirst. Verstehe also die folgenden Zeilen als Vorschläge, mit denen du frei umgehen kannst.

- Gehe in die Natur an einen Ort, an dem du dich wohlfühlst. Das herausfordernde Thema trage in deinem Herzen »mit dir herum«. Du musst nicht durchgehend daran denken, aber es ist gut, wenn du dir, bevor du dich auf den Weg machst, etwas Zeit nimmst, um das, was dich umtreibt, noch einmal genau zu verinnerlichen und für dich zu formulieren.

- Was immer während deines Spaziergangs auf sich aufmerksam macht, kann Teil des Bildes werden: herabgefallene Tannenzweige, Nüsse oder Samen, Federn, kleine Zweige und Blätter … Halte kurz inne und frage den Gegenstand, den du entdeckt hast (oder der sich finden ließ), ob er bereit ist, dir bei deinem Thema zu helfen. Du wirst spüren, ob ein Ja erklingt, ob es passt oder nicht. Dann erst nimm diesen Gegenstand. Sammle auf diese Art ein paar Gegenstände.

- Halte dann eine Weile inne. Sei für einige Momente ganz mit deinem Thema verbunden und schaue dich um. Wohin zieht es deinen Blick, deine Aufmerksamkeit? Wo ist der geeignete Ort, um das Bild zu legen? Folge hier ganz deinen inneren Impulsen oder den Zeichen im Außen. Das können Blätter sein, die dir zuzuwinken scheinen, oder der Ruf eines Tieres, der dich in eine bestimmte Richtung lenkt.

- Wenn du deinen Ort gefunden hast, beginne mit dem Bild, welches dein Inneres abbilden wird. Es kann eine Art Bilderrahmen haben und so zum Beispiel von Zweigen eingefasst sein, es kann aber auch rahmenlos sein. Zeige bereits hier, was dich bewegt: Wünschst du dir einen sicheren Rahmen? Die Kraft, Grenzen zu setzen oder zu bewahren?

- Fahre auf diese Weise auch mit dem Bild als solchem fort. Hilfreich ist es, wenn etwas als Stellvertreter für dich selbst im Bild auftaucht und du somit ein Teil des Bildes bist. Du wirst dazu einen geeigneten Naturgegenstand finden, der deine derzeitige Gefühlswelt auszudrücken vermag. Zwischenmenschliche Herausforderungen können sich hier (gleichsam wie eine Form der Aufstellungsarbeit) auch über Stellvertreter und die im Bild zum Ausdruck gebrachte Nähe oder fehlende Verbindung der einzelnen Elemente zeigen. Vielleicht auch durch einen Zweig oder einen kleinen Haufen Steine, der ein Hindernis symbolisiert.

Manches, was du in deinem Bild darstellen wirst, könnte auch dich selbst überraschen. Möglicherweise erscheint es dir bei einigen Dingen, die du in deinem Bild platzierst, als würde der Gegenstand selbst dorthin wollen. Solche Vorkommnisse sind einfach ein Zeichen dafür, dass »es fließt«, dass die Natur dich auf deinem Weg unterstützt.

- Wenn dein Bild so vor dir liegt, sieh dir noch einmal in Ruhe alles an und danke der Natur und den Materialien, die dir zur Verfügung gestellt wurden. Du kannst dann darum bitten, dass die Natur sich dieses Themas annimmt und dir auf ihre Weise hilft. Überlasse das Bild nun ganz der Natur, den Elementen, den Naturwesen (Spirits) in all ihren Formen. Die Natur wird dir sehr lebendig antworten.

Wandel im Innen wie im Außen

Du kannst immer wieder zu deinem Naturbild zurückkehren und wirst wahrscheinlich feststellen, dass Dinge, die sich über eine gewisse Zeit in dir gelöst haben, auch auf natürliche Weise (Wind, Regen und so weiter) aus deinem Naturbild verschwinden. Ebenso geschieht es umgekehrt, dass Dinge verschwinden, um dir anzuzeigen, was auch in dir gehen darf oder bereits gegangen ist. Der Wandel, der im Inneren geschieht, bildet sich auf die eine oder andere Weise in der Außenwelt ab.

Franz-Theo Gottwald, Autor und Professor für Agrar-, Ernährungs- und Umweltethik, hat gesagt: »Schamanisches Wissen ist in erster Linie und wesentlich Selbst-Erkenntnis.« Unsere Vorfahren in allen indigenen Völkern haben sich durch Beobachtungen der Natur Wissen verschafft, sich die Welt erklärt und Erkenntnisse über sich selbst gewonnen. So verhelfen uns diese Zeichen im Außen, in der Natur und somit auch in einem Naturbild zu einer Form der Selbsterkenntnis, die eine ganz andere Ebene anspricht, als wenn wir nachdenken oder uns mit Freunden austauschen würden. Es lohnt sich, diesen archaischen Spiegel der Natur zu nutzen. Das alte Wissen kann dir viele wertvolle Impulse liefern und häufig einen echten Aha-Effekt.

> **Man kann den Heilvorgang nach außen tragen und ihn außerhalb des Körpers vollziehen. Dadurch werden die Imagination und die Heilprozesse im Inneren angeregt.**
>
> **Wolf-Dieter Storl**

Das Wissen der Navajo (Diné)

Was hat es mit den Veränderungen, die im Lauf der Zeit in einem Naturbild entstehen, auf sich? Und wieso sollten wir einer solchen Sache, die an ein Waldmemory erinnert, eine so große Aufmerksamkeit widmen? Ein Blick hin zu einer anderen Kultur ist hierbei erhellend. Die nordamerikanischen Navajo oder auch Diné verfügen über ein äußerst komplexes Weltbild und dementsprechend ein ebenso komplexes Heilsystem. Im Zuge einer Heilung geht es bei ihnen darum, das Gleichgewicht zwischen Leib, Seele, Kosmos und menschlicher Gemeinschaft wiederherzustellen.

Einen Schlüssel zum Verständnis der Navajo-Kultur stellt der wichtige Begriff *hózhó* dar, welcher existenzielle Grundwerte beschreibt. Er umfasst so unterschiedliche Konzepte wie Ordnung, Harmonie, Segen, Schönheit, Gesundheit und Ganzheit. »Hózhó« taucht in Gesängen auf, aber auch in rituellen Handlungen, die ein Schamane beziehungsweise Medizinmann für einen Klienten veranlasst. Es ist auch die Schlussformel vieler Gebete und Zeremonien. Anstelle von »Auf Wiedersehen!« lautet der Abschiedsgruß dort *»hózhóógó naninháa doo«* – »mögest du in Übereinstimmung mit dem hózhó gehen«. Hierzulande wird dies folgendermaßen kurz gefasst: »Mögest du in Schönheit wandeln.« In beiden Fällen geht es um ein Konzept des Ausgleichs beziehungsweise des Gleichmaßes, was sowohl Mensch wie Natur benötigen. Irgendwo zwischen dem, was wir als »positiv« oder »negativ« im Sinne der zwei Pole bezeichnen würden, liegt für die Navajo Ausgewogenheit. Ihr Abschiedsgruß wünscht aber nicht nur ein segenvolles, ausbalanciertes Wandeln, sondern schließt darüber hinaus Vorstellungen von einer höheren Ordnung sowie physische Gesundheit und emotionales Wohlbefinden mit ein.

Ich möchte dich dazu anregen, in diesem Sinne etwas zu finden, das die Veränderungen, die nach und nach innerhalb deines Naturbildes entstehen, abschließend segnen kann. Auf dass Harmonie, Ganzheit und Schönheit entstehen mögen!

Persönliche Erfahrung: Mein Naturbild

Vor einigen Jahren baute ich im Rahmen meiner Ausbildung ein Naturbild zu meiner Familiengeschichte und meiner Sicht auf mich selbst.

Ich hatte das Gefühl, dass etwas nicht stimmte, sehr stark »brodelte« und dass viele alte Familienmuster einfach »totaler Mist« waren. Es war mir ein Anliegen, dies alles möglichst plastisch in meinem Bild zum Ausdruck zu bringen, und daher suchte ich mir etwas, das meiner Ansicht nach ein »faules Ei« im Untergrund repräsentieren konnte: So nahm ich ein hart gekochtes Ei vom Frühstückstisch und fand hinter dem Seminarhaus einen kleinen Misthaufen, von dem ich eine Handvoll mit zu meinem Naturbild nahm. Ich sah den Stein, der mich selbst darstellte, und weitere Steine, die meine Familienmitglieder repräsentierten, und es überkam mich eine große Traurigkeit, dass ich meine Kraft weder ausdrücken noch annehmen konnte. Inmitten dieser Woge der Gefühle presste ich das hart gekochte Ei mit einiger Wucht auf den Stein, der für mich stand, und packte die Handvoll Mist darauf. Danach legte ich einige Kleinigkeiten um und befand nach einiger Zeit des Schauens und Nachspürens, dass es zwar nicht schön war, jedoch ganz genau so in meinem Inneren aussah. Schließlich bat ich um ein Zeichen der Natur und der helfenden Spirits und dankte allem, was mich umgab.

In der Nacht besuchte mich mein Krafttier im Traum und brachte mir eine Botschaft meines verstorbenen Vaters, die mich sehr berührte. Aufgrund seines plötzlichen Todes einige Jahre zuvor hatte er mir dies zu Lebzeiten nicht mehr sagen können und ich wäre von allein niemals darauf gekommen.

Am nächsten Tag kehrte ich mit dieser Botschaft im Herzen zu meinem Naturbild zurück. Bereits als ich mich von Weitem näherte, bemerkte ich Leben inmitten des Bildes, etwas bewegte sich darin. Ganz langsam näherte ich mich und entdeckte eine kleine braune Maus, die beide Pfoten voller Ei hatte und genüsslich fraß. Der kleine Misthaufen war verschwunden. Hatte sie ihn aus dem Bild getragen? Ich werde niemals erfahren, ob der Wind, die kleine Maus oder ein anderes Wesen ihn entfernt hat – und es spielt letztlich auch keine Rolle. Er war verschwunden. Und das, was meinen Stein ebenfalls belastete, wurde direkt vor meinen Augen von der kleinen Maus aufgefressen.

Für einen kurzen Moment hielt das kleine Tier inne und sah mich ganz direkt an. Ich wagte kaum zu atmen, denn ich wollte sie keinesfalls vertreiben, doch ich erwiderte ihren Blick. Nach diesem intensiven Kontakt nahm sie sich das nächste Stück Ei vor und ich durfte sie dabei beobachten, wie sie alle Reste auffraß. Als ihr Festmahl beendet war, sah sie sich noch einmal im Naturbild um, lief zu den Zweigen, die ich als Rahmen darum herumgelegt hatte, und schnupperte in allen Ecken. Es schien, als vergewisserte sie sich, ob sie noch etwas übersehen hatte. Für den Zweifler mag es vielleicht so aussehen, als ob sie schlicht nach mehr Nahrung suchte, doch für mich war es, als würde sie sichergehen wollen, dass ihre Arbeit beendet war. Sie hielt noch einmal in der Mitte des Bildes inne, sah mich erneut an und verschwand dann im nahe gelegenen Gebüsch.

Ich blieb eine ganze Weile verbunden mit meinem Naturbild dort sitzen und spürte in mir nach. Dieses Erlebnis hat viel in mir gelöst und ist bis heute für mich wertvoll und spürbar.

Das bedeutet nicht, dass sich alle Familienmuster in diesen Tagen gelöst hätten und ich diese als »vollständig geheilt« betrachten würde – doch das ist auch nicht notwendig. Wir dürfen unsere Schritte stets in dem Tempo gehen, das zu uns und unserer derzeitigen Lebenssituation passt. Wann immer sich da eine hadernde oder ungeduldige Stimme meldet, rufe ich mir ein Zitat von Friedrich Nietzsche in Erinnerung: »Man muss noch Chaos in sich haben, um einen tanzenden Stern gebären zu können.« Vielleicht können diese Worte auch für dich einmal hilfreich oder einfach nur tröstlich sein.

KAPITEL 4

DIE SCHAMANISCHE REISE

Die schamanische Reise ist das Herz des Schamanismus. Sie befreit unsere Seele, sodass sie sich in andere Wirklichkeiten begibt und wir uns in vielen Welten bewegen, Erfahrungen sammeln und etwas über uns selbst lernen können. Die Spirits, die wir auf unseren Reisen treffen, unterstützen uns mitfühlend, freundlich und mit den nötigen Impulsen. Das in der Anderswelt Erfahrene in dieser Welt anzuwenden und wurzeln zu lassen, nährt und stärkt uns.

UNTERWEGS IN ANDEREN GEFILDEN

Mit der schamanischen Reise öffnen sich dem Bewusstsein völlig neue Welten. Unsere Seele kann ihre Flügel ausspannen, sich weiten und selbst erfahren. Wir sehen (mit allen Sinnen) Bilder und uns begegnen Wesen, die uns dabei helfen, einen veränderten Blick auf unsere Anliegen zu gewinnen, und uns Rat und Beistand geben.

Um diese Welten zu betreten, darf das Alltagsbewusstsein zurücktreten, sich entspannen und nur noch als Beobachter fungieren. Deshalb empfehle ich die Übung »Still die Welt wahrnehmen« auf Seite 47 als grundsätzliche und unterstützende Praxis. Die Landschaften, die sich während einer schamanischen Reise entfalten, können wir betreten, erforschen und deren Bewohner befragen. Wir werden einen Weg sehen, der unserem Weg in der Alltagswelt entweder entspricht, ihn ergänzt oder auch hinterfragt. Unsere Seele kann sich in diesen Gefilden frei bewegen und auf nahezu jede Frage eine Antwort finden, wenn wir lernen, gut hinzuschauen und unsere Fragen genau zu stellen.

Grundlagen und Methode

Die schamanische Reise ist das grundlegende Werkzeug des schamanischen Weges. Dr. Michael Harner, ein US-amerikanischer Anthropologe, der in den 1970er- und 1980er-Jahren umfassende kulturvergleichende Studien zum Schamanismus betrieb, stellte fest, dass diese Form des »Seelenfluges« in allen schamanischen Traditionen lebendig war und für diverse Zwecke genutzt wurde. Der Schamane oder die Schamanin versetzt sich hierzu mithilfe eines monotonen Rhythmus, der durch Rasseln, Trommeln oder aneinandergeschlagene Äste erzeugt werden kann (und etwa 205 bis 220 Schläge pro Minute hat), in einen veränderten Bewusstseinszustand. Neue Forschungsergebnisse zeigen, dass sich die Gehirnwellen bei dieser schamanischen Trance im Alpha- oder Theta-Bereich bewegen, in die man auch bei tiefen Meditationen gelangt. Mit diesem entspannten und dennoch hellwachen, offenen Geist bereist der schamanisch Tätige die geistige Welt – in unserem Kulturkreis auch gern »Anderswelt« genannt – und erbittet dort Hilfe und Information.

Die drei Welten

Nahezu alle schamanischen Traditionen teilen die geistige Welt in drei Teile, drei Ebenen der Realität ein: Mittlere Welt, Untere Welt und Obere Welt, wobei die letzteren

beiden nicht mit unserem westlichen Verständnis von Himmel und Hölle verwechselt werden dürfen – in den schamanischen Begriffen steckt keinerlei Wertung.

Die Mittlere Welt ist der geistige, nichtalltägliche Aspekt unserer Welt und wird von Seelen bewohnt, die erdgebunden umherirren und noch nicht ihr wahres Zuhause gefunden haben. Ebenso könntest du hier die geistige Entsprechung aller Objekte der physischen Welt bereisen und etwas über deren Geschichte erfahren.

Die Untere Welt ist der Ort, an den die meisten schamanischen Reisen führen, der Ort der Krafttiere und der geistigen Helfer. Hier finden Schamanen oft verlorene Seelenteile oder suchen nach der Ursache von Krankheiten. Mythologisch taucht die Untere Welt zum Beispiel in den Geschichten um die germanische Göttin Hel auf, die später als Frau Holle in den Grimm'schen Märchen eher ein wenig verniedlicht wurde, oder beim griechischen Gott Hades. Beide Gestalten hüten in der Unteren Welt ungeborene Seelen und empfangen Verstorbene. Generell verorten die meisten schamanischen Kulturen die »Spiritbevölkerung«, die Wesen der geistigen Welt, eher unter der Erde beziehungsweise in den Tiefen des Wassers – die asiatischen Nagas (Schlangengeister) sind hier ebenso als Beispiel zu nennen wie die Zwerge oder die Schwarzalben unserer heimischen Mythologie.

Die Obere Welt schließlich ist der Ort der Lehrer in der geistigen Welt und wird von manchen Reisenden als etwas »luftiger« wahrgenommen als die anderen beiden Bereiche. Hier begegnen vielen oft geflügelte Wesen wie Engel. Dies sind jedoch individuelle Wahrnehmungen, die sich durchaus deutlich voneinander unterscheiden können. Generell kann man sagen, dass in allen drei Bereichen Geistwesen leben, die befragt werden können. Kobolde, Wichtel und Pflanzendevas beispielsweise können in der Mittleren Welt, manchmal auch in der Oberen Welt angetroffen werden.

Vielleicht kannst du dir einfach Folgendes merken: Die geistige Welt ist uns grundlegend wohlgesonnen und wird uns stets jemanden, der uns unterstützt, beziehungsweise etwas Hilfreiches zur Seite stellen. Wo genau das sein wird, weiß sie besser als wir selbst. Mit diesem »ortskundigen« Wesen an unserer Seite sind wir dann stets sicher in den verschiedenen Welten unterwegs. Jeder Mensch hat die Fähigkeit, seinen Geist aus eigener Kraft zu öffnen und sich innerhalb des Seelenfluges zu bewegen.

Ein paar klare Worte zu Drogen

Es gibt einige indigene Traditionen, die bei schamanischen Ritualen Drogen benutzen. Zu diesen Drogen zählen zum Beispiel Peyote, Psilocybin und Ayahuasca, die das Bewusstsein des Reisenden öffnen. Solche Traditionen gab es auch hierzulande. Einige moderne Schamanen und Ethnologen sind der Meinung, dass dieser Gebrauch von Pflanzen eine Degeneration des ursprünglichen Schamanismus darstelle. Ich möchte mich hier eines Urteils enthalten, da ich denke, dass die indigenen Völker Traditionen haben, die in sich und im Kontext der jeweiligen Kultur stimmig sind und diesem nicht entrissen werden sollten. Jedoch meine ich, dass man solche Substanzen nur zu Zwecken der Heilung oder bei bestimmten Schwellenübergängen innerhalb eines kompetent begleiteten Rituals benutzen sollte – und niemals »einfach so«, um sie mal auszuprobieren. Für schamanisches Reisen sind diese Substanzen nicht notwendig. Es stellt sich dennoch die Frage, wieso zu diesen rituellen Zwecken nicht einfach in den Garten des Landes geschaut wird, in dem man verwurzelt ist? Noch heute wachsen beispielsweise hierzulande die psychedelischen Pflanzen, die zu den ältesten Wirkstoffen der hiesigen schamanischen Kulturen gehörten. Von all den wundervollen (indigenen) Menschen, bei denen ich über die Jahre lernen durfte, kam immer wieder einhellig der Hinweis: »Schaut in eure Kultur, auf eure Wurzeln, das wird euch in vielerlei Hinsicht heilen.«

Natur und Spiritualität: Der Weltenbaum

Die drei Welten werden in indigenen Traditionen oft als Teile eines Weltenbaumes dargestellt, ein Baum, der so groß ist, dass alle Welten, alle Realitäten auf und in ihm Platz haben (siehe nächste Doppelseite 64/65). Die Wurzeln des Baumes stellen die Untere Welt dar, der Stamm die Mittlere Welt und die Äste, die sich in die Unendlichkeit erstrecken, die Obere Welt. Der Stamm dient als Brücke zwischen den Welten, auf der wir uns auf und ab beziehungsweise in die jeweils andere Welt hineinbegeben können. Es ist der Ausgangspunkt, von welchem wir uns zu unseren Seelenflügen aufmachen.

Der Weltenbaum

Sich die Seele aller Welten als Baum zu denken, zeigt deutlich die Naturverbundenheit des schamanischen Weges, die unsere Moderne heute so heilsam berühren kann. Der Baum ist ein diesseitiges Symbol – denn wir alle kennen Bäume und werden von ihrer Einzigartigkeit und Schönheit berührt. Auch wenn der Weltenbaum nichtalltägliche Aspekte unserer Wirklichkeit umspannt, ist er dennoch etwas, das auf unsere Erde, unsere Heimat verweist, etwas, das wir uns leicht vorstellen können und das in unserer Lebensrealität seinen Platz hat. Solch ein kraftvolles Symbol führt nicht in ein entrücktes Jenseits, sondern trotz allem Zauber stets zurück ins Hier und Jetzt.

DIE PRAXIS DER SCHAMANISCHEN REISE

> **Die Fähigkeit, den schamanischen Bewusstseinszustand zu erlangen, lässt sich erlernen und durch Übung verbessern.**
>
> **Hank Wesselmann**

Um zum allerersten Mal die nichtalltägliche Wirklichkeit, die Anderswelt, zu betreten, empfehle ich einen dreistufigen »Reiseplan«: zwei Reisen (zum Kraftort, Seite 72, sowie zur Schwelle der Unteren Welt, Seite 76), die langsam dein Herz öffnen, dich vorbereiten und erste eigene Erfahrungen machen lassen, während die dritte Reise dich dann dein Krafttier, deinen wichtigsten Begleiter und Helfer auf dem schamanischen Weg, finden lässt. Mit dieser dritten Reise (du findest sie über den QR-Code im Anhang) kannst du ganz leicht deinen schamanischen Weg gemeinsam mit deinem Krafttier beginnen.

Die ersten beiden Reisen sind als Vorschläge aus der Erfahrung meiner langjährigen Praxis heraus zu verstehen. Natürlich kannst du auch direkt mit der Krafttier-Reise beginnen. Allerdings hat mir die Erfahrung aus zahlreichen Seminaren gezeigt, dass die vorbereitenden Übungsreisen die Fähigkeit zur Fokussierung und die Qualität der nachfolgenden Reisen äußerst positiv beeinflussen.

Ich möchte dich bitten, in jedem Fall dieses und das nächste Kapitel (zum Thema Krafttier, ab Seite 94) ganz in Ruhe zu lesen, bevor du deine erste Reise unternimmst. Je klarer dein Wissen über die schamanische Praxis ist, desto weniger Verwirrung, Unsicherheit und damit verbundene schwere Gefühle werden sich in dir bemerkbar machen. Die Kunst ist es, sich von den gleichförmigen Klängen der Trommel oder Rassel und mit Unterstützung von Räucherwerk sicher tragen zu lassen.

Hilfreiche Werkzeuge

Ein veränderter, offenerer Bewusstseinszustand ist die Grundvoraussetzung für eine schamanische Reise. Die Grenzen unseres Alltagsbewusstseins, das uns dabei hilft, in unserer Welt zu funktionieren und nicht bei Rot über eine Ampelkreuzung zu laufen oder unsere Hand auf eine heiße Herdplatte zu legen, werden erweitert. Die schamanische Reise geht weit darüber hinaus. Sie findet jenseits von »Funktionieren« oder »Nicht-Funktionieren« statt. Das Bewusstsein wird durch das Herbeiführen einer Trance zu einer Art leerer Leinwand, auf der sich die Geschehnisse der geistigen Welt abbilden. Manche Menschen können sich durch Meditation in einen solchen Zustand versetzen, die meisten schamanischen Kulturen wenden zu diesem Zweck bestimmte Hilfsmittel wie Trommeln, Rasseln, Gesänge, Tänze und Räucherwerk an. All die musikalischen Werkzeuge werden in einem bestimmten Rhythmus benutzt, der den Geist völlig entspannen und offen wahrnehmen lässt. In den Audio-Tracks zu diesem Buch wird meine Stimme von solchen Rhythmen begleitet, aber wenn du zu einem späteren Zeitpunkt ohne die Audio-Tracks »auf Reise gehen« möchtest, empfehle ich die Anschaffung einer geeigneten Rahmentrommel oder einer Rassel, wenn du selbst oder aber auch deine Nachbarn die Lautstärke der Trommel eher als störend empfinden. Du findest solche Rasseln und Trommeln in vielen Musikgeschäften, aber natürlich auch im Internet. Empfehlenswerte Bezugsquellen habe ich im Serviceteil am Ende dieses Buches für dich zusammengetragen (siehe Seite 175). Oder du spürst den Ruf, dir eines davon oder beides selbst zu bauen. Dies kann etwas ganz Besonderes für dich und deine folgende Zeit als Hüter oder Hüterin eines schamanischen Instruments sein.

Klang, Symbol und Wirkung

Das Instrument steht in enger Beziehung zum Weltbild der jeweiligen Kultur. Natürlich gibt es auch praktische Erwägungen für deren Wahl. Eine Trommel wird im feuchten Klima des Regenwaldes nicht ihren vollen Klang entwickeln, daher werden bei südamerikanischen Indigenen vorzugsweise Rasseln verwendet, die nicht so anfällig für Feuchtigkeit sind. Der Griff oder Stiel der Rassel steht symbolisch für den Weltenbaum, der Hohlkörper ist Sinnbild des uns umgebenden Kosmos, während Steine, Kerne oder Pflanzensamen im Hohlkörper für die Ahnen stehen, die Seelen der Geister. Das Schütteln dient dem Einstieg in die eigene Trance, aber auch dem Rufen dieser hilfreichen Geistwesen. Die Trommel wird hauptsächlich in Gegenden mit trockenerem Klima verwendet, zum Beispiel bei den nordamerikanischen Indigenen und ebenso in den schamanischen Traditionen der Mongolei, aber auch bei den Sami in Lappland. Hier gilt die Trommel als »Pferd«

des schamanisch Praktizierenden, auf dem er in die geistige Welt »reitet«. Auch dabei ist das Material symbolisch aufgeladen: Der Korpus der Trommel besteht aus Holz (Weltenbaum), das Schlagfell ist die Haut eines Tieres, dessen Seele dem Schamanen hilft.

So kann man verstehen, warum die Trommel in vielen Traditionen etwas Heiliges ist, da sich Leben in diese Form begeben hat, um uns bei unserer schamanischen Praxis zu unterstützen. Ich persönlich nutze die Rassel gern zur Öffnung des heiligen Raumes (siehe Seite 84) und um die Spirits zu rufen, die Trommel hingegen für die eigentliche Reise. Je nach Situation und dem, was benötigt wird, kann es auch genau andersherum sein.

Kräuter – Hüter der Schwelle

Ein weiteres Werkzeug für die Reise ist der Rauch verbrennender Kräuter oder Harze. Auch hierzu hat jede Tradition ihre eigenen Vorstellungen, Geschichten und Mythen, die meist damit zu tun haben, dass der Rauch bis in die Welt der Geister dringt. Seit jeher war Räuchern ein Mittel, um mit den Geistern und Göttern in Verbindung zu treten. Eine irdische Substanz steigt durch Feuer transformiert in den Himmel auf und bildet so eine Brücke zwischen der materiellen und der geistigen Welt, zwischen Erde und Himmel. Besonders wohlriechende Düfte gelten als Geschenk an die Götter, manche Pflanzen werden jedoch aufgrund ihrer Wirkungen auch zu bewusstseinserweiternden, schützenden oder reinigenden Zwecken eingesetzt. Der Beifuß etwa gilt vielerorts als »Hüter der Schwelle«, der den Reisenden Kraft und Schutz schenkt. Der Rauch schickt die Kräuter, die Mutter Erde dargebracht werden, zu den Spirits und vermittelt ihnen den Wunsch der Reisenden, mit ihnen Kontakt aufzunehmen. Es gibt viele wunderbar kraftvolle Räucherstoffe unserer heimischen Kultur und vermutlich sogar direkt in deinem Garten oder vor deiner Haustür. An dieser Stelle würde es den Rahmen des Buches sprengen, sie alle zu erwähnen und auch auf die Kontraindikationen hinzuweisen. Daher schau ganz frei für dich, was derzeit stimmig zu dir, deiner Konstitution und Lebenssituation passt und am besten auch zu deinem persönlichen Thema, das du in die folgende Übung mit einfließen lassen magst.

Übung: Rauchzeichen an die Spirits

Verglimme ein Kraut oder Harz deiner Wahl (möglichst von pestizidfreier Herkunft) in einer feuerfesten Schale. Du kannst dazu Räucherkohle nutzen oder das Räucherwerk direkt entzünden oder auf einem kleinen Räuchersieb glimmen lassen. Widme den aufsteigenden Rauch den Spirits, gern mit einem Gebet.

Der Kraftort als Bezugspunkt

Der sogenannte Kraftort ist der Platz, von dem aus du zu deinen Reisen aufbrichst. Er ist ein Ort in der Anderswelt, der sich dir bei deinen ersten Schritten zeigen wird und zu dem du immer wieder zurückkehren kannst. Er vermittelt Sicherheit, Geborgenheit und ein Gefühl des Aufgehobenseins. Manche Traditionen nennen diesen Ort auch ganz poetisch den Seelengarten und beschreiben es so, dass man bei seinem Seelenflug, der schamanischen Reise, zuallererst schaut, wie es um den eigenen Garten bestellt ist. In diesem Garten – und somit an deinem Kraftort – kannst du, wenn du wiederholt dorthin kommst, direkt wahrnehmen, was sich und ob sich überhaupt etwas verändert hat. Er ist auch ein Spiegel deines eigenen Befindens. So kannst du gleich erkennen, ob es angezeigt ist, dich zunächst um deine Seele zu kümmern (siehe Seite 125), anstatt beispielsweise eine Reise zu unternehmen, die der Vision und neuen Schritten dienen soll, und damit direkt eine Kursänderung vorzunehmen. Es empfiehlt sich daher, den Kraftort oder Seelengarten fest als Anker- und Bezugspunkt für dich abzuspeichern, also jede Reise hier beginnen und enden zu lassen.

Nun möchte ich dich nicht länger warten lassen und wünsche dir viel Freude bei der folgenden und so grundlegenden Reise, in der du diesen Ort kennenlernst.

Übung: Reise zum Kraftort

Die erste schamanische Reise, die du unternimmst, führt dich zu einem Ort, der dir für alle weiteren Reisen als Startpunkt dienen wird. Sie ist daher sehr kurz und hilft dabei, das Bild dieses besonderen Ortes in dir zu verankern. In Zukunft wird das Bild ein Signal für deinen Geist sein, dass er sich nun in anderweltlichen Gefilden bewegt. Es geht aber nicht unbedingt immer um die Signalwirkung – du kannst auch jederzeit eine Reise an diesen Ort unternehmen, wenn du dich mit Kraft anfüllen, auftanken oder vielleicht einfach nur ausruhen möchtest.

- Suche dir einen Platz, an dem du für einige Minuten ungestört sein kannst. Breite eine Decke auf dem Boden aus und begib dich in eine bequeme Position. Wenn du mit dem Trommel-Track reisen magst, starte diesen jetzt; wenn du ohne diese Begleitung reisen möchtest, sorge auf andere Weise für einen konstanten Rhythmus. Du kannst entweder selbst trommeln beziehungsweise rasseln (was anfangs noch schwierig sein kann) oder eine Freundin bitten, das für dich zu tun.

- Schließe sanft die Augen, sage dir innerlich dreimal verbunden mit drei tiefen Atemzügen, dass du nun zu deinem Kraftort reisen möchtest, und lasse zu, dass in deinem Inneren ein Ort auftaucht, an dem du dich wohlfühlst, an dem dein Herz zu Hause ist.

- Das kann ein Ort sein, den du kennst und schon oft besucht hast, aber auch einer, den es in unserer Welt gar nicht gibt. Wichtig ist hier nur das Gefühl, das du zu dem Ort hast!

- Schaue dich nun in Ruhe an diesem Ort um. Registriere alles, was dich umgibt: Gräser, Steine, Bäume, andere Pflanzen, Berge am Horizont, Flüsse, Seen … Erforsche den Ort, wandere umher.

- Halte dann Ausschau nach einem Zugang in die Untere Welt. Das kann ein Loch im Boden zwischen Baumwurzeln sein, eine Höhle, ein alter Brunnenschacht, eine Felstreppe – irgendetwas, das nach unten führt. Betritt den Zugang dieses Mal aber noch nicht, sondern nimm ihn einfach nur wahr.

- Schaue dich dann noch weiter um, nimm alle Einzelheiten deines Kraftortes in dich auf. Betrachte die Pflanzen, die Eigenarten der Landschaft, die Beschaffenheit der Steine und so weiter. Dies ist dein Ort, lerne ihn mit allen Sinnen kennen.

- Atme ein paarmal tief ein und aus und öffne dann langsam wieder die Augen.

Kraftort und Alltagswelt

Der persönliche Kraftort, den du nun gefunden hast, ist bereits ein andersweltlicher Ort und liegt in der Mittleren Welt, also der geistigen Entsprechung unserer Welt. Deshalb kannst du hier auch Orte besuchen, die dir vertraut sind. Allerdings können dort Dinge auftauchen, die in genau der gleichen Form nicht Teil deines Alltagserlebens sind, etwa ein Brunnen als Zugang zur Unteren Welt, der in unserer Welt dort nicht vorhanden ist. Mache dir über solche Details keine Gedanken. In der Anderswelt ist einiges möglich, was uns ansonsten unmöglich erscheint! Ebenso kannst du deine eigene Gestalt ändern und dadurch in kleinste Höhlen und Bauten Einlass finden oder aber in höchste Höhen aufsteigen, klettern oder gar fliegen und beispielsweise auch Dinge tragen oder bewegen, wozu dir im realen Leben die Kraft fehlen würde.

Es gibt eine Aussage des Psychoanalytikers und Philosophen Erich Fromm (1900–1980), welche diese ungeahnten Möglichkeiten des inneren Reisens wunderschön in Worte fasst: »Schließ die Augen, lass deinen Geist aufsteigen und du wirst leben, wie du noch nie zuvor gelebt hast.«

Nun ist es an dir, in der folgenden schamanischen Reise deinen Geist frei fliegen zu lassen. Ich wünsche dir von Herzen einen nährenden und verwurzelnden Seelenflug.

Übung:
Reise zur Unteren Welt

Wie die Reise zum Kraftort dient auch diese zweite Reise der Vorbereitung. Bei dieser »Entdeckungstour« in die Anderswelt werden wir uns bis zur Schwelle der Unteren Welt vorwagen, um einen klaren Blick und vor allem das Formulieren einer eindeutigen Absicht für die Reise zu üben.

Bereite dich auf das Reisen vor, wie es sich für dich gut anfühlt: ein ruhiger Ort, ein bequemer Sitz- oder Liegeplatz, eine Abspielmöglichkeit für den Audio-Track oder eine Rassel beziehungsweise Trommel in Reichweite.

Schalte den Trommel-Track ein oder beginne selbst zu rasseln oder zu trommeln. Sage nun gedanklich deine Absicht: »Ich möchte an das Tor zur Unteren Welt gelangen!« Wiederhole diesen oder einen ähnlichen Satz noch zweimal entsprechend deinem Atemrhythmus.

Lasse langsam das Bild deines Kraftortes in dir entstehen, den du auf deiner allerersten Reise kennengelernt hast. Schaue dich wieder um, schlendere ein wenig umher und bewege dich dann langsam auf den Zugang zur Unteren Welt zu, den du bei deiner letzten Reise entdeckt hast: das Loch im Boden, die Höhle oder Felsspalte, den Brunnenschacht oder was immer es war.

- Bewege dich nun in diesen Zugang hinein. Vielleicht musst du klettern, vielleicht mutig springen oder auch klein wie eine Maus werden, um durch eine enge Felsspalte hindurchzukriechen. Nichts ist in der Anderswelt unmöglich. Sicher kennst du das von Träumen, in denen du auch schon scheinbar unmögliche Dinge tun konntest. Jeder Zugang zur Anderswelt ist individuell und somit gibt es bei diesen Reisen auch kein Richtig oder Falsch im Sinne von unumstößlichen Regeln.

- Du wirst dich nun höchstwahrscheinlich in einer Art Tunnel wiederfinden, der nach unten führt. Dieser Tunnel kann ähnlich wie dein Zugangsportal auf vielerlei Arten gestaltet sein: Manche Menschen entdecken hier eine steinerne Wendeltreppe, andere einen Erdtunnel, der von Baumwurzeln durchwoben ist, wieder andere finden zu ihrem großen Glück eine lange, gewundene Rutsche vor, auf der sie flott nach unten sausen können. Wie auch immer dein Weg beziehungsweise Tunnel aussehen mag – folge ihm einfach!

- Nun geht es nach unten, was entweder sehr leicht oder auch ein wenig mühselig sein kann, wenn du dich zum Beispiel durch Wurzelwerk hindurcharbeitest oder eine steile Felswand herunterklettern musst. Mache dir aber keine Sorgen, wenn dir dein Weg beschwerlich vorkommt: Manchmal muss man einfach zeigen, dass man ernste Absichten hegt, und dafür einen mühsameren Weg auf sich nehmen. Ein anderes Mal nicht. Alles in der Anderswelt hat seinen Sinn und Zweck.

  Irgendwann wirst du das Ende deines Tunnels sehen: eine Öffnung, die den Blick auf die Untere Welt freigibt! Bleibe an dieser Schwelle stehen, denn genau hier wolltest du hingelangen.

  Blicke in die Untere Welt hinein, erspüre sie mit allen Sinnen, aber betritt sie noch nicht. Drehe dich stattdessen nach einiger Zeit um und mache dich wieder auf den Rückweg.

- An deinem Kraftort angekommen, nimm ein paar tiefe Atemzüge und öffne in deinem Tempo die Augen.

Die Reise auf genau diese Weise zu machen, ist eine Form der schamanischen Disziplin und schult den Geist auf folgenden Reisen, genau bei dem Anliegen zu bleiben, das die ursprüngliche Absicht dieser Reise war. Es geht also bei dieser Übung darum, den Geist zu fokussieren, die Energien zu bündeln und dadurch kraftvoll in der Anderswelt zu agieren. Gerade zu Beginn des schamanischen Praktizierens können die Erlebnisse und Eindrücke uns sonst nur allzu leicht von unserem eigentlichen Anliegen ablenken.

Was bedeutet »Sehen« auf einer schamanischen Reise?

Wenn wir im Zusammenhang mit einer schamanischen Reise vom »Sehen« sprechen, meinen wir die gesamte Bandbreite unserer Wahrnehmungsmöglichkeiten: fühlen, riechen, schmecken, tasten, hören, sehen und auch etwas erahnen. Sämtliche Sinne – auch der sogenannte sechste Sinn – werden gebraucht und ernst genommen.

Jeder Mensch erlebt schamanische Reisen anders: Bei manch einem sind alle Sinne aktiv, bei einem anderen wiederum nur einer oder zwei. Welcher Sinn bei dir ganz besonders ausgeprägt ist, wirst du recht schnell feststellen. Es ist aber auch möglich, dass es von einem zum anderen Mal wechselt: Bei einer deiner Reisen spielt das Sehen eine größere Rolle, während bei einer anderen Reise das Fühlen im Vordergrund steht. Diese Unterschiede werden zum Teil von den Spirits herbeigeführt, um bestimmte Wahrnehmungskanäle in uns zu schulen. Wie auch immer wir Botschaften erhalten: Wir können darauf vertrauen, dass sie uns zu diesem Zeitpunkt auf die richtige Weise erreichen. Sollten wir sie jedoch einmal nicht verstehen, können wir jederzeit eine weitere Reise unternehmen und die Spirits bitten, so mit uns zu kommunizieren, dass es für uns Sinn ergibt. Bedenken sollten wir dabei, dass die übermittelten Botschaften oft Bildnisse beziehungsweise Metaphern sind, die wir für uns übersetzen müssen.

Sehr wichtig ist die Unterscheidung von tatsächlicher Wahrnehmung und unseren Vorstellungen und Wünschen. Ein guter Indikator für echte Wahrnehmung ist die eigene Überraschung: Wenn uns etwas begegnet, womit wir nie gerechnet hätten, ist das stets ein wertvolles Zeichen für eine authentische Botschaft beziehungsweise Begegnung. Ebenso kann uns unser eigenes Berührtsein Auskunft geben: Trifft uns etwas Echtes im Herzen, dann spüren wir das deutlich! Wir sind in besonderer Weise angesprochen, tief innen wissen wir, dass das, worauf wir gestoßen sind, wahr ist.

Hilfreiche Hinweise

Die Erfahrung mit Seminarteilnehmenden und Ausbildungsgruppen, die ich in den letzten Jahren begleitet habe, hat mir gezeigt, dass es gerade bei den ersten Schritten in der Anderswelt zu vielen Zweifeln oder gar Enttäuschungen kommen kann, wenn sich der Reisende zu sehr auf seine Erwartungen versteift. Manche Menschen stellen sich eine schamanische Reiseerfahrung buchstäblich vor wie »Fernsehen mit geschlossenen Augen«, doch so plastisch und klar sieht die andersweltliche Realität nicht immer aus. Eine meiner sehr geschätzten Lehrerinnen sieht zum Beispiel absolut gar nichts, wenn sie auf Reisen ist – alles, was sie erlebt, geschieht ohne Bilder, sie ist auf optischer Ebene nur von Schwärze umgeben, was im Übrigen keinesfalls negativ zu deuten ist. Doch die Spirits flüstern ihr etwas ins Ohr oder verursachen tief empfundene Emotionen, die genaue Botschaften übermitteln und klare Antworten ergeben.

Die Anderswelt offenbart sich jedem Menschen auf ganz eigene Weise und wenn ein bestimmter Sinn partout nichts wahrnehmen kann, stehen uns immer noch die übrigen Sinne zur Verfügung …

Und wenn sich gar nichts tut?

Es kann durchaus sein, dass du während des Trommelns in einen leichten Trancezustand gerätst und dennoch hinter deinen geschlossenen Augen nichts weiter geschieht. Dann erwecke die anderen Sinne ganz bewusst: Nimmst du Wind, eventuelle Temperaturveränderungen oder ein Wesen an deiner Seite wahr? Auch wenn du ein Wesen der Anderswelt nicht sehen kannst, hast du vielleicht die deutliche Empfindung, dass jemand an deiner Seite ist, der dich begleitet. Hörst du Geräusche oder Worte? Spricht jemand oder etwas zu dir? Fühlst du etwas in deinem Körper, das du vor Beginn der Reise nicht gespürt hast? Alle in irgendeiner Weise wahrnehmbaren Veränderungen ab dem Start deiner Reise sind Teil der Antwort auf deine Frage(n), entsprechen deiner Suche, sind Puzzlesteine deiner Reise. Es ist daher zu Beginn oftmals wichtig, zunächst durch achtsames Kennenlernen des eigenen Wahrnehmungsfeldes den Wahrnehmungskanal zu erkennen, der am deutlichsten zu dir spricht. Bitte verzage nicht, wenn dies nicht der visuelle Sinn ist! In unserer modernen und stark visuell geprägten Kultur warten wir auf solche sichtbaren Bilder – doch wenn der kinästhetische Sinn eben stärker ausgeprägt ist, nehmen wir beispielsweise einen Bären viel eher über das Fell wahr, das wir am Arm spüren und das die große Präsenz vermittelt, die neben uns fühlbar wird.

Stimme dich auf die feineren Sinne ein

Widme dich zu Beginn deinen »lauten Sinnen« und schule dann zunehmend auch die anderen. Du kannst auf jeder Reise ganz bewusst die Zeit am Kraftort dazu nutzen, all deine Sinne zu wecken und anzusprechen. Es gibt mächtige Medizinmänner und großartige moderne Schamaninnen, die niemals Bilder vor Augen haben, sondern über das Hören, Riechen oder Spüren ihre Botschaften erhalten. Sollten sich bei dir also nicht gleich oder vielleicht auch nach vielen Versuchen keine Bilder einstellen, so befindest du dich in guter Gesellschaft. Vertraue dir selbst und dem Fluss der schamanischen Reise. Nach und nach wird sich dein persönlicher Zugang ganz natürlich einstellen und die Spirits werden dich mit genau den Hinweisen versorgen, die du benötigst.

Trance und Wahrnehmung

Der Religionswissenschaftler Mircea Eliade (1907–1986) schrieb, dass sich die Schamanentrommel von allen anderen Lärmzauber-Instrumenten dadurch unterscheidet, dass sie ein ekstatisches Erlebnis möglich macht. Ekstase kommt aus dem Griechischen und bedeutet »außer sich geraten«, »aus sich heraustreten« oder auch »Verzückung« und ist in Religionswissenschaft und Psychologie ein Sammelbegriff für besonders intensive, tranceähnliche Veränderungen des Bewusstseins.

Diese Veränderungen werden als Erweiterung oder Erhöhung des Bewusstseins beschrieben. Forschungen am Institut für Transpersonale Psychologie in Menlo Park,

Kalifornien, haben in den 1990er-Jahren ergeben, dass Trommeln im Allgemeinen und das rhythmische Trommeln im Besonderen – wie auch in deinen Audio-Tracks hier – bei den Studienteilnehmern »sehr häufig« das Erscheinen von Bildern zeremoniellen und rituellen Charakters auslöste. Den Forschungen zufolge ist es als wirksames Hilfsmittel anzusehen, um in andersweltliche veränderte Bewusstseinszustände einzutreten, sei dies nun in einem rituellen Kontext oder ganz losgelöst davon in deinem Wohnzimmer. Rhythmus und Wesen der Trommel unterstützen dich dabei, aus dem Bereich deiner vertrauten Umwelt und deines alltäglichen Wahrnehmungsvermögens heraus- und in die Anderswelt einzutreten. Wie sich dies für dich anfühlt, ist individuell unterschiedlich. Allerdings gibt es einige Gefühle, die von vielen Menschen immer wieder ähnlich beschrieben werden, wenn sie etwa eine Art Pulsieren im Körper empfinden oder das Gefühl haben, er würde sich ausdehnen oder gar schweben. Auch ein gewisser Druck auf dem Körper beziehungsweise auf Teilen des Körpers wird häufig beschrieben und damit einhergehend Wellen, die durch diese Bereiche zu fließen scheinen.

Wundere dich auch nicht, wenn du das Zeitgefühl verlierst. In der nichtalltäglichen Wirklichkeit, der Anderswelt, gibt es Zeit und Raum nicht in der uns bekannten Form. Minuten erscheinen wie Stunden und Stunden können sich wie wenige Minuten anfühlen, besonders in einem rituellen oder zeremoniellen Umfeld. Deine Wahrnehmungen werden stets im Zusammenhang mit der Absicht stehen, mit der du die Reise angetreten hast, und somit Teil der Antwort sein.

Hast du nachts schon einmal sehr intensiv geträumt und warst beim Aufwachen noch ganz verwirrt, weil der Traum so real erschien? Dieses starke Empfinden lässt sich gut mit dem Erleben bei der schamanischen Reise vergleichen, denn dabei wird dir das, was du wahrnimmst, sehr real erscheinen – es ist in diesem Moment die einzige Realität.

Das ist einer der Gründe, warum in diesem Zusammenhang vom Wandeln zwischen den Welten die Rede ist und der Schamane als Mittler zwischen diesen Welten gilt. Viele sorgen sich darum, dass sie von ihrem Umfeld als verrückt, spinnert oder »esoterisch abgedreht« gehalten werden könnten, wenn sie erzählen, sie würden Stimmen hören – diese gesellschaftlich bedingte Angst, nicht ernst genommen zu werden, sitzt tief und verhindert oftmals ein intensives, echtes Reiseerlebnis. Ich kann dich immer wieder nur dazu ermutigen, deinen eigenen Wahrnehmungen zu vertrauen. Auch wenn manchmal Zweifel aufkommen und du dich fragst, ob du das alles wirklich gesehen oder dir nur eingebildet hast, solltest du darüber nachsinnen, warum sich gerade dieses eine bestimmte Bild auf welche Weise auch immer gezeigt hat. Was möchte es dir sagen? Die Botschaft ist wichtig, nicht die Art und Weise der Übermittlung.

Wenn man das Naheliegende nicht wahrnimmt

An einem meiner Seminare nahm einmal eine Klientin teil, die unbedingt etwas visuell erfahren wollte. Sie wollte ihr Krafttier vor sich sehen und dabei jedes Detail wahrnehmen. Daher konzentrierte sie sich stark auf diesen Sinn. Während der Reise blieb es jedoch »dunkel«, was sie darauf zurückführte, dass die Stimme, die sie vernahm, sie davon abhielt, sich genügend zu konzentrieren. Sie glaubte, dass ein anderer Teilnehmer des Seminars pausenlos redete, was sie innerlich sehr aufregte. Plötzlich spürte sie auch noch die Schnauze eines Tieres an ihrer Seite und fragte sich, wie dieses in den Seminarraum gekommen sei. Sie wollte schon aufspringen und ihrem Unmut Luft verschaffen, als sie glücklicherweise doch noch registrierte, dass es keiner der anderen Teilnehmer war, der hier redete, sondern dass ihr Krafttier ihr die ganze Zeit Botschaften übermittelte. Da sie nicht zugehört hatte, stupste das Tier sie zusätzlich an. Erst jetzt konnte sie sich beruhigen und zuhören, die Botschaft vernehmen und von ihrer Fixierung auf das Visuelle ablassen.

Die Anderswelt und ihre Bewohner

In unserer modernen Zeit sind wir versucht, die Bewohner der geistigen Welt, die Spirits, als psychische Phänomene zu betrachten, also als Produkte unseres eigenen Geistes: Demnach erhalten wir Zugang zu unserem Innersten und kleiden diese Erfahrungen in Bilder, die wir verstehen können. So verlockend diese Vorstellung auch sein mag und so leicht man auf diese Weise auch allen Zweiflern begegnen könnte – ich möchte darauf hinweisen, dass diese Sichtweise nicht mit der erfahrbaren Realität der Anderswelt übereinstimmt.

Die Spirits haben durchaus ihre eigene Realität, sie sind nicht nur Bilder in unserem Geist, sondern eigenständige Wesenheiten, die unabhängig von uns existieren. Besonders beeindruckend zeigt sich dies, wenn mehrere Personen auf unterschiedlichen Reisen dieselbe Wesenheit treffen und von ihr Informationen erhalten oder aber in gewisser Weise »behandelt werden«. Erfahrenen schamanisch Reisenden sind diese Wesen bekannt – und es gibt mittlerweile regelrechte Lexika, die diese Wesen, welche vielen Menschen unabhängig voneinander »erschienen« sind, sowie bestimmte Orte wie auf einer Landkarte beschreiben. Da sie also eine eigene Existenz führen – wenn auch nicht in unserem Sinne körperlich –, sollte man den Spirits genauso wie allen anderen Lebewesen begegnen: mit Wertschätzung, Achtsamkeit und Respekt. So ist die Basis für ein gutes Zusammensein und einen echten Austausch gelegt.

Die Absicht ist entscheidend

Das Wichtigste bei einer schamanischen Reise ist die klare Absicht oder Intention: Was will ich genau erfahren? Wo benötige ich Unterstützung? Wohin möchte ich gelangen? Wen will ich treffen?

Man kann sich das Setzen einer Intention wie die Eingabe bei einem Navigationsgerät vorstellen: Gibst du nur die Stadt ein, wirst du irgendwo im Zentrum landen, kommt noch die Straße hinzu, wirst du deinem Ziel schon ein ganzes Stück näher kommen. Hast du auch noch die Hausnummer parat, dann wirst du genau dorthin geführt, wo du hinmöchtest.

Gelegentlich ist eine Fahrt ins Blaue etwas sehr Erfrischendes und man kann tolle Ecken entdecken. Ähnlich kann eine schamanische Reise ins Blaue verlaufen. Wenn du einfach mal in die Anderswelt hineinschnuppern möchtest, wirst du zumeist nicht viel erfahren, ebenso wenn dein Anliegen oder deine Frage sehr vage bleibt. Je genauer du formulierst, desto mehr wirst du erfahren. Wenn du zum Beispiel fragst: »Was ist gut für mich?«, kannst du eine Antwort bekommen, die sich auf etwas bezieht, was du gar nicht im Sinn hattest. Frage stattdessen lieber nach dem, was dein Inneres gerade sehr bewegt und wofür du dir einen Rat oder Impuls wünschst, zum Beispiel: »Was ist in diesem Moment hilfreich, um mich besser auf die Prüfung am nächsten Mittwoch vorzubereiten?« Vermutlich wirst du mit der Antwort weit mehr anfangen können. Es ist daher gut, wenn man sich vor der schamanischen Reise seine Absicht klarmacht. Das ist auch schon ein erster Lösungsschritt bei einem Problem, sorgt stets für gute Orientierung und gehört ebenso zur schamanischen Reise wie das Vorbereiten des Platzes, an dem man reist und meditiert. Bitte verstehe all dies nicht als dogmatisch festgeschrieben, sondern vielmehr als über die Jahre von mir, meinen Teilnehmerinnen und Kollegen als wertvoll und hilfreich empfundene Ergänzungen, die ich hier mit dir teilen möchte. Probiere aber immer gern frei aus, denn der schamanische Weg ist ein Weg der eigenen Erfahrungen.

Heilige Handlungen

Die Bewohner der Anderswelt sind hilfreiche Geister, die uns wohlwollend zur Seite stehen, daher sollte man ihnen stets wertschätzend begegnen und sein Kommen dementsprechend ankündigen. Dazu empfehle ich die rituelle Öffnung des heiligen Raumes, wie sie im Folgenden beschrieben wird. Wenn du ein Anliegen hast und den Wesen der Anderswelt mit Respekt begegnest, wird dir stets Hilfe zuteilwerden.

Wann immer ich Zeugin solcher heiligen Handlungen werden darf, bin ich tief bewegt. Diese ureigene Herangehensweise, das Finden und Ausführen eines solchen Rituals erschaffen eine intime Beziehung zu den Kräften, mit denen man interagiert.

Diese Intimität auch mit anderen zu teilen, wird die Menschen ebenfalls berühren. Es ist für jeden im Raum fühlbar, wenn eine solche Verbindung besteht und die Spirits erscheinen, wie Freunde, die nun dem Ritual beiwohnen oder mit auf die Reise gehen. Nicht nur, aber besonders von Sandra Ingerman habe ich gelernt, dass eine Haltung, die von Wertschätzung und Liebe gegenüber jedem Wesen zeugt, das mächtigste Werkzeug der Wandlung ist – in uns selbst und in unseren heiligen Handlungen.

In diesem Sinne empfiehlt es sich, vor jeder Reise den heiligen Raum zu öffnen. Das kann ein persönliches Ritual sein, das deine guten Absichten und deinen Respekt gegenüber der Anderswelt ausdrückt, wobei die vier Himmelsrichtungen – und oft ihre charakteristischen Wesen – sowie Himmel und Erde begrüßt werden.

Aus jahrelangen Erfahrungen mit so vielen sehr unterschiedlichen Menschen kann ich dich nur ermutigen, das folgende Ritual frei aus deinem Herzen zu gestalten. Es darf gern spontan und spielerisch sein, denn so wird es stets authentisch, berührend und nahbar.

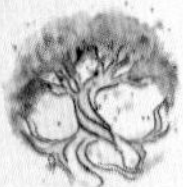

Naturritual: Den heiligen Raum öffnen

Zünde eine Kerze oder Räucherwerk an und spreche einen Text, der dir im Innersten entspricht. Eine Anrufung könnte so beginnen: »An die Kräfte des Nordens, den großen Hirsch – an die Kräfte des Ostens, den großen Falken – an die Kräfte des Westens, den großen Lachs – an die Kräfte des Südens, den großen Wolf ... Begleitet mich auf meiner Reise!« Lasse die Worte ganz spontan aus deinem Innersten kommen – jederzeit immer wieder neu, flexibel und frei. Oder entwickle für dich einen stimmigen Text, den du immer wieder nutzt, wie ein Zeichen an dich selbst. Jedes Mal, wenn du ihn aussprichst, füllst du ihn neu mit Leben und Emotion. Wenn du magst, kannst du auch den folgenden Text verwenden und für dich erspüren, ob du ihn immer wieder nutzen magst oder abwandelst und ihn so zu »deinem« machst.

Falls du bis hierhin gelesen hast und jetzt gerade denkst, dass dir dazu doch nichts einfällt oder du es dir irgendwie nicht zutraust, möchte ich dich auch hier ermutigen und teile dazu die folgende Geschichte mit dir.

Persönliche Erfahrung: Wenn Worte Türen öffnen

Eine Teilnehmerin meiner Seminare hatte anfangs leichte Schwierigkeiten beim schamanischen Reisen. Sie spürte keinen wirklichen Kontakt und war deshalb recht unglücklich. Ich lud sie ein, nicht mehr einen vorgefertigten Text für die Öffnung des heiligen Raumes zu nutzen, sondern ihre eigenen Worte zu finden. Sie spürte tief in sich hinein, fand einen Impuls und verfasste einen sehr bewegenden Text, der ihr beim anschließenden Ritual Tränen der Rührung und des Glücks in die Augen trieb. Ihre nachfolgende Reise erlebte sie auf höchst plastische und lebendige Weise. Sie sagte selbst: »Es war, als hätte ich mit meinen Worten eine Tür aufgemacht, hinter der schon alle auf mich gewartet hatten!« Seitdem waren ihre Zweifel wie weggeblasen und diese Tür blieb immer für sie offen. Die Teilnehmerin betont bis heute voller Dankbarkeit, dass sie all das, was sie in ihre Worte und Handlungen hineinlegt, jedes Mal vielfach von der Anderswelt und ihren Wesen zurückerhält.

Es erfordert vielleicht ein wenig Zeitaufwand, Hingabe und Mut, sich kreativ mit dem Erstellen eines solchen Textes zu befassen, doch ich versichere dir, dass es der Mühe wert ist!

Falls dir keine Worte gekommen sind, sondern stattdessen eine Melodie und/oder spezielle Handlungen, die für dich persönlich ganz stimmig die Atmosphäre eines heiligen

Raumes erschaffen, so folge auch hier deinem Herzen. Probiere es aus und spüre nach. Was hat für dich in diesem Zusammenhang die meiste Kraft?

Besondere Reisetermine und -orte

Grundsätzlich kannst du immer eine schamanische Reise unternehmen, wenn du eine Frage hast und Rat und Hilfe brauchst. Doch es gibt auch Zeiten, an denen das Reisen leichter fällt – diese Termine wurden schon seit langer Zeit in unseren hiesigen Regionen genutzt, um naturverbunden mit dem Jahreszeitenlauf Feste und Zeremonien zu feiern. Im germanischen Raum gab es die mit dem germanischen Mondkalender verbundenen Feste (Blót), insbesondere im inselkeltischen Raum (die Britischen Inseln Großbritannien und Irland) wurden die Jahreskreisfeste für Zeremonien und Reisen in die nichtalltägliche Wirklichkeit genutzt, um den Lauf des Jahres zu begehen. Dabei handelt es sich um vier Sonnenfeste, die sich nach der Konstellation des Sonnenstands richten, und vier Mondfeste, die jeweils ungefähr in der Mitte zwischen zwei Sonnenfesten liegen.

Vieles, was wir dazu heutzutage zum Beispiel in den sozialen Medien finden, beruht auf den Rekonstruktionen von Menschen wie Ross Nichols und Gerald Gardner, den Begründern der bedeutendsten modernen Wicca- und Druidentum-Linien. Doch damit geht sehr viel des heute zugänglichen Wissens streng genommen auf die 1950er- und 1960er-Jahre zurück, aber dennoch steht aufgrund der vielen historischen Namen außer Frage, dass unsere Ahnen zu diesen Zeiten (zumeist recht lang andauernde) Feste begingen. Unsere Vorfahren verzichteten aufgrund lebendiger Traditionen auf eine Schriftkultur und setzten auf die mündliche Wiedergabe und den Erhalt durch das Tun als solches. Daher ist es nicht verwunderlich, dass in unseren gebrochenen Traditionen eine Sehnsucht nach dem Uralten besteht. Eines Tages entwickelten Menschen, die sich tief damit auseinandersetzten, etwas, das dem vermutlich nahekommt, und dies wird hier und heute seit nunmehr über 60 Jahren in Form der rekonstruierten Feste gerne und mit Herz aufgegriffen.

Auch du kannst für dich diese Zeiten nutzen, dich dadurch jenem energetischen Feld anschließen und für dich schauen, ob und wie es für dich stimmig ist. So befindest du dich bereits auf dem schamanischen Weg der Hingabe und des Erspürens deiner Kraft, statt dich mit Fragen wie »War das damals wirklich so? Wann genau?« aufzuhalten. Schlussendlich wird dies wohl immer im Verborgenen bleiben und vermutlich niemals ein wissenschaftlicher Beweis erbracht werden. Wir alle müssen damit leben, auch wenn wir es anders ersehnen.

Doch wie dem auch sei, die astronomischen Termine sind durchaus real und um diese bewegen sich die Feste. Hier eine Übersicht:

Die acht Feste des Jahreskreises

Imbolc: um den 1. Februar
Frühlings-Tagundnachtgleiche: um den 21. März
Beltane: um den 1. Mai
Sommersonnenwende: um den 21. Juni
Lughnasadh (oder Lammas): um den 1. August
Herbst-Tagundnachtgleiche: um den 21. September
Samhain: um den 1. November
Wintersonnenwende: um den 21. Dezember

Zu all diesen Zeiten, so sagt man, ist in der Morgen- und der Abenddämmerung der Schleier zwischen den Welten, also zwischen unserer Alltagswelt und der Anderswelt, besonders dünn und das schamanische Reisen fällt sehr leicht. An diesen Tagen geht man davon aus, dass die Bewohner der Anderswelt regelrecht auf die Menschen warten und sich mit ihnen austauschen wollen. Vielleicht probierst du einfach mal einen dieser Termine aus und schaust, wie sich deine Reise gegenüber solchen an »normalen« Tagen verändert. Zusätzlich zu diesen Daten gibt es auch besondere Orte, sogenannte Kraftplätze, von denen du sicher schon gehört hast oder an denen du selbst vielleicht schon einmal warst. Dazu gehören bestimmte Berge, die schon immer als heilige Berge galten, ebenso Quellen, denen Heilkräfte nachgesagt werden, steinzeitliche Höhlen, und natürlich berühmte Orte wie Stonehenge, Avebury, das Ringheiligtum Pömmelte oder auch das »Frau-Holle-Land«, der Brocken im Harz oder die Externsteine nahe Detmold und viele andere. All diese Orte wurden von unseren Vorfahren aufgesucht, weil sie wohl das Gefühl hatten, dass ihnen hier der Kontakt mit anderen Welten besonders leichtfiel. Darüber hinaus sind diese Orte von der Kraft früherer Zeremonien und Rituale aufgeladen.

Aber ein Kraftplatz muss nicht ein weltbekannter Ort sein, sondern kann auch ein ganz stilles Plätzchen sein, das nur für dich eine entsprechende Bedeutung hat. Ich glaube ohnehin, dass jeder Ort in der Natur, an den wir uns mit offenem Geist begeben, ein Kraftplatz sein kann. Wenn du öfter zu solch einem für dich bedeutsamen Platz gehst und dort reist oder kleine Rituale für die Natur und Mutter Erde abhältst, wird sich dein Geist bei der Ankunft an diesem Platz bereits auf eine anderswetliche Erfahrung einstellen.

Reisen in die Obere Welt

Einem wirklich weisen und authentischen Lehrer zu begegnen, der einem im richtigen Moment die Worte sagt, die einem weiterhelfen, den richtigen Hinweis, den entscheidenden Tipp gibt – wer wünscht sich das nicht?! Oft ist es aber so, dass wir diesen Lehrer in unserer Alltagswelt nicht treffen, weil wir ihn oder sie vielleicht nicht erkennen, weil wir keine Zeit haben, weil wir in einem anderen Land wohnen … Das schamanische Reisen in die Obere Welt ist eine Gelegenheit, dennoch eine solche Lehrerin kennenzulernen und eine wirkliche Beziehung zu einer Weisheit aufzubauen, die ganz auf uns und unseren Weg zugeschnitten ist. Das bedeutet nicht, dass die Lehrer und Lehrerinnen in der Oberen Welt uns sagen, was wir hören möchten. Aber was diese von den Lehrern unserer Alltagswelt unterscheidet, sind vor allem zwei Dinge: Erstens kennen sie uns und unseren Weg sehr gut. Wir brauchen ihnen nicht alles über uns zu erzählen, sondern können gleich zum Punkt kommen. Und zweitens sind sie ausschließlich für uns da, das heißt, wir sind nicht in einem Seminar mit 40 Teilnehmern, sondern im direkten Gespräch von Herz zu Herz. Ich kann nur jedem Menschen empfehlen, diese wunderbare Möglichkeit zu nutzen und von der Weisheit der Spirits in der Oberen Welt zu profitieren. So wünsche ich nun auch dir, dass du mit der folgenden Reise ein zartes Band knüpfen wirst, das sich mit all den Reisen, die du noch unternehmen wirst, immer mehr festigen und dich stets sicher begleiten und tragen wird.

Übung: Reise zur geistigen/zum geistigen Lehrer*in

Diese Reise findest du auch als Track 2 auf der Website zum Buch, und zwar über deinen QR-Code. Dort ist die Reise geführt, das heißt, du wirst von meiner Stimme durch die Reise getragen. Wenn du nicht

mit diesem Track reisen möchtest, gebe ich dir hier eine kurze »Wegbeschreibung«, die du für eine freie Reise zu einem Trommelrhythmus deiner Wahl (zum Beispiel Track 4 auf der Website) nutzen kannst.

- Suche dir wieder einen Ort, an dem du für eine bestimmte Zeit ungestört bist. Mache es dir bequem, starte den Rhythmus und schließe deine Augen.

- Formuliere nun eine deutliche und klare Absicht oder Frage: »Ich möchte in die Obere Welt reisen, um meinen geistigen Lehrer oder meine geistige Lehrerin zu treffen!« Wiederhole diesen Satz in Gedanken zweimal, sodass deine Reiseabsicht insgesamt dreimal formuliert wurde, und mache dich dann auf den Weg.

- Lasse den Kraftort in deinem Inneren auftauchen. Doch statt dich nun zu dem Zugang nach unten zu bewegen, den du bereits kennengelernt hast (siehe Seite 76), schaue dich um, ob du irgendwo einen Zugang entdeckst, der nach oben führt. Dies kann ein Baum sein, der hoch hinaufreicht und auf dessen Ästen du nach oben klettern kannst, oder auch eine Treppe, eine Ranke oder eine Leiter. Vielleicht brennt an deinem Platz auch ein Feuer und du kannst mit dem Rauch nach oben schweben. Wie bei allen Reisen sind auch hier die Möglichkeiten unbegrenzt.

- Wenn du diesen Zugang entdeckt hast, begib dich dorthin und klettere, steige, schwebe nach oben. Immer weiter hinauf, hinauf und hinauf … Vielleicht stellst du fest, dass sich die Atmosphäre um dich herum verändert, dass sich das Licht verändert oder dass alles leichter und transparenter wird.

- Vermutlich wirst du an einer bestimmten Stelle einen gewissen Widerstand an deinem Kopf bemerken oder eine Veränderung der Luft oder deines Atems – davon berichten nahezu alle, die in die Obere Welt gereist sind. Es ist der Durchgang in die Obere Welt, eine Membran, die du leicht mit deinem Kopf durchstoßen kannst.

- Wenn du diese Barriere überwunden hast oder die Veränderungen der Luft/deines Atems wahrnimmst, befindest du dich in der Oberen Welt, die wahrscheinlich anders aussieht als die mittlere Welt (dein Kraftort) und die Untere Welt. Manche Menschen empfinden die Obere Welt oft »luftiger«, leichter, ätherischer ... Schaue dich dort um. Vielleicht entdeckst du jemanden, der auf dich wartet oder dich zu sich ruft.

- Gehe nun langsam dieser Stimme nach, sei es in ein Gebäude, auf eine natürliche Landmarke oder direkt auf die Person zu, und begegne deinem geistigen Lehrer oder deiner geistigen Lehrerin.

- Sei ganz offen für denjenigen, der dir nun gegenübersteht. Bedanke dich dafür, dass du empfangen wirst, und beschreibe, warum du hier bist. Stelle gern auch die Fragen, die dir am Herzen liegen, und lasse die Antworten tief in dich einsinken.

- Mache dich nach dem Gespräch wieder auf den Rückweg, den Weg hinunter zu deinem Kraftort, und öffne die Augen.

Nicht abheben

Wir sollten uns davor hüten, geistig abzuheben und den Kontakt zum normalen Leben zu verlieren. Natürlich sind diese Welten faszinierend, was sie aber nicht besser als unsere (Alltags-)Welt macht. Die Obere Welt ist nur ein Teil des Ganzen – erst zusammen ergeben alle Welten, einschließlich der Alltagswelt, das vollständige Bild. Wir sollten also darauf achten, dass wir nicht mehr Zeit in den geistigen Welten als in unserer Alltagswelt verbringen, und uns auch nicht mit absolut jeder Frage, jedem Problem an die geistigen Welten wenden. Auch die »Heckenreiterinnen« der früheren Zeiten standen mit einem Bein im wilden, freien Ungeordneten jenseits der Hecke und mit einem Bein im bodenständig Geordneten, innerhalb der Einfriedung durch die Hecke.

BEGEGNUNGEN IN DER ANDERSWELT

Jede Begegnung in der Anderswelt kann dir Antworten auf Lebensfragen schenken. Manchmal sind diese Antworten in Worte gefasst, manchmal arbeiten die Spirits nur mit Gesten, mit Zeichen oder Symbolen. Und dann wieder kann das bloße Auftauchen eines bestimmten Tieres oder Wesens Antwort genug sein. Versuche einfach, achtsam zu sein und auch die kleinsten Hinweise ernst zu nehmen. Du kannst ganz sicher sein, dass dir die Spirits nichts zumuten, was du nicht auch verstehen kannst. Selbst wenn manche Dinge vielleicht nicht sofort klar sein sollten – sie werden klar werden, sobald du die Hinweise ein wenig in deinem Herzen bewegt hast. Wichtig ist auch, die Anderswelt in einer Haltung der Dankbarkeit zu betreten und genauso wieder zu verlassen. Das Staunen beim Betreten der Anderswelt führt ganz automatisch zu Dankbarkeit. Du wirst spüren, wie deine Seele sich öffnet und wie diese Öffnung auch nach der Reise in deinem Alltagsleben nachwirkt. Ein paar Worte des Dankes an die Spirits sind daher ebenfalls ein schönes Zeichen bei einer Reise.

Lasse dich leiten

Die Führung durch die Spirits der Natur und der Anderswelt wird niemals etwas beinhalten, womit du dich selbst oder einem anderen Lebewesen schaden könntest. Möglicherweise wirst du eine Botschaft erhalten, die dich zu sehr großen Umwälzungen drängt oder äußerst ungewöhnlich anmutet – doch niemals wird es darum gehen, einem anderen Teil der Schöpfung etwas anzutun. Die Impulse sind dem Leben zugewandt und beinhalten dein Wachstum, dein natürliches Recht auf Fülle und darauf, ganz und gar du selbst zu sein.

Alles auf einer Reise hat Bedeutung

Erinnere dich noch einmal daran, dass schamanisches Sehen alle Sinne betrifft und nicht jeder Mensch seine Reise in klaren Bildern erlebt (siehe Seite 67). Wenn die Spirits nicht zu dir sprechen, so spüre nach – möglicherweise hast du eher einen somatischen oder kinästhetischen Wahrnehmungssinn. Um auf das Beispiel mit dem Navigationsgerät zurückzukommen (siehe Seite 83): Ab dem Moment, in dem du die Absicht deiner Reise formuliert und dies mit drei tiefen Atemzügen sozusagen manifestiert hast, ist es, als hättest du »Route berechnen« gedrückt und würdest losfahren. Alles, was nun geschieht, ist Teil deiner Reise. Dies kann in klaren Bildern zu dir kommen, ähnlich einer Fahrt, bei der du aus dem Fenster siehst, und gleichzeitig können um dich herum Geräusche wahrnehmbar werden, Gefühle aufflammen oder scheinbare Störungen passieren (Türklingeln, Unterbrechungen, es knackt in der Wand oder Ähnliches), die alle eine Bedeutung, eine Antwort mit sich bringen. Je wacher deine Sinne sind, desto klarer kannst du die gesamte Aussage der Reise und der helfenden Spirits vernehmen. Jeder deiner Sinne ist gleich wertvoll – doch müssen wir uns manchmal den anderen Sinnen in unserer sehr auf das Visuelle ausgerichteten Kultur erst wieder annähern und oftmals auch Vertrauen zu ihnen fassen.

Ein Ritual als Signal

Damit du klarer unterscheiden kannst, was Teil der Reise ist und was nicht, findest du für dich ein immer gleiches Ritual (wie zum Beispiel das Öffnen des heiligen Raumes, siehe auf Seite 84), das du vor Beginn der Reise ausführen kannst und das deinem Körperbewusstsein durch dieses »immer Gleiche« direkt signalisiert: Jetzt beginnt die schamanische Reise. Schamanen aller Kulturen haben sich auf ihre Reisen mit Gesang, Tanz und teilweise sehr erschöpfenden Ritualen und Praktiken vorbereitet. So wurde ein klares Gefühl dafür erzeugt, dass nun der Alltag sozusagen verlassen wird und man sich für eine Weile einer anderen Ebene zuwendet.

Für dich mag das Richtige eine Meditation sein, die den Geist zur Ruhe kommen lässt, Räucherwerk, ein Gebet, das Entzünden einer Kerze, ein Spaziergang oder ein Tanz – finde ein zu dir passendes Ritual, das du vor deinen Reisen ausführen magst. Dein Körper und dein Geist werden sich erinnern und es wird dir dadurch mit jeder Reise leichter fallen, dich in die Anderswelt zu begeben und loszulassen.

Du bist nie allein

Solltest du zunächst noch Zweifel oder Schwierigkeiten haben, dich auf eine Andersweltreise zu begeben, lasse diese Worte in dich einsinken und ermutige dich selbst: Jeder Mensch kann das schamanische Reisen erlernen und in einen Bewusstseinszustand, der unseren Alltag erweitert und bereichert, eintauchen. Ich habe sehr viele Menschen sagen hören, dass sie nicht reisen können und man dazu eine besondere Gabe haben müsse – gleichwohl ist mir kein einziger Mensch begegnet, der wirklich keine Begabung zum schamanischen Reisen hätte. Vielleicht wird es dir noch leichter gelingen, wenn du dich ganz fallen lassen kannst.

Im folgenden Kapitel wirst du einen kraftvollen Freund kennenlernen, der dich künftig auf all deinen Reisen unterstützt und dich mit allem versorgt, was du benötigst: dein Krafttier.

KAPITEL 5

EIN TREUER FREUND: DAS KRAFTTIER

Das Krafttier ist ein Naturgeist aus der Anderswelt, der uns wohlwollend zur Seite steht, uns auf unseren Reisen in die Anderswelt begleitet und eine innige Verbindung zu unseren älteren Brüdern und Schwestern, den Tieren, darstellt. Wir erhalten Schutz, erleben Geborgenheit und werden gleichzeitig mit einer ganz speziellen Kraft genährt, die nur diesem Tier in genau dieser Weise innewohnt.

BEGLEITER UND HÜTER UNSERER SEELE

Es gibt heute kaum jemanden, der nicht schon einmal von Schutzengeln gehört hat. In vielen nichtchristlichen Kulturen ist die Vorstellung eines Engels jedoch nicht annähernd so populär wie die des Krafttieres, das einen Menschen begleitet. In früheren Zeiten war dies auch Teil unserer europäischen Kultur – bei den Germanen gab es beispielsweise die »Folgeseele«, *fylgja* – und in den Stammeskulturen entlegener Gebiete ist der Umgang mit Krafttieren bis in unsere Zeit etwas ganz Alltägliches.

In den meisten indigenen Kulturen ist das Krafttier integraler Bestandteil des spirituellen Lebens und hilft den Menschen in vielerlei Situationen, vor allem bei sogenannten Schwellenübergängen und Initiationen. Viele Menschen in diesen Kulturen gehen sogar davon aus, dass ein Kind das Kindesalter ohne ein Krafttier nicht überleben kann.

Krafttier und Gesundheit

Aus schamanischer Sicht wird jeder Mensch ab dem Moment seiner Geburt durch ein Krafttier begleitet. Mit einem geschlossenen oder ganzen Energiesystem ist er gesund, und erst wenn in diesem Energiesystem eine Lücke aufbricht, wird der Mensch als krank bezeichnet. Diese Lücke im Energiesystem kann entstehen, wenn ihm oder ihr etwas Traumatisches zustößt. Dann wird die Bindung zum Krafttier geschädigt oder sie geht sogar verloren. Erst diese daraus erfolgende Lücke, diese Unvollständigkeit lässt zu, dass sich schädigende Einflüsse auswirken und jemand erkrankt.

Das Tier im modernen schamanischen Weltbild

Jede schamanische Tradition sieht die Steine, die Pflanzen und die Tiere als Verwandte an. Sie alle entspringen Evolutionsstufen vor uns Menschen und tragen so ein Wissen in sich, das älter ist als das unsrige. Die Steine können uns vom Anbeginn der Erde berichten und werden daher oft »Großeltern« genannt. Die Pflanzen und Tiere gelten als unsere Brüder und Schwestern, was auch ihre Ebenbürtigkeit und Gleichwertigkeit zum Ausdruck bringt. Seit jeher ehrte man die unterschiedlichen Persönlichkeiten seiner Brüder und Schwestern und wusste, dass man viel vom anderen lernen konnte – gerade weil man so verschieden war!

Zu allen Zeiten waren Tiere sehr bedeutungsvoll. Höhlenmalereien – teilweise bis zu 42 000 Jahre alt – zeugen von dem besonderen Verhältnis, das Tiere und Menschen miteinander haben. Auch die ersten Schriftzeichen der Menschheit waren oft in Tierform, ebenso beruhen die Yogahaltungen auf den Bewegungen und Körperformen von Tieren. Nicht zuletzt gewannen der Taoismus und der Zen-Buddhismus viele ihrer Einsichten durch die Beobachtung von Tieren. In zahlreichen Kulturen, von denen nahezu alle schamanische Wurzeln haben, galten Tiere als Gottheiten und ihre Weisheit wurde sehr geschätzt. Aus diesen Gründen und vor allem aus ihrer ureigenen wertvollen Erfahrung heraus können Tiere uns archetypische Empfindungen und Aspekte bewusst machen und uns eine urtümliche Lebenskraft sowie eine bedingungslose Bejahung des Lebens vermitteln. Sie sind wichtig und wir täten gut daran, uns dieser Tatsache wieder zu erinnern.

Ganz genau dieses Urtümliche und Animalische, das Tiere vertreten, ist es auch, das uns im Alltag nicht zur Verfügung steht. Sich mit Pflanzen und Tieren, unseren Brüdern und Schwestern, auf einer Ebene der Gleichwertigkeit zu verbinden, kann gerade in einer Umbruchphase des Lebens äußerst hilfreich sein.

Krafttiere in unserer Zeit

Heute finden immer mehr Menschen wieder zum Wissen um einen solchen Tiergeist zurück, sei es durch schamanische Seminare und Sitzungen, aber auch durch Bestsellerromane wie Der goldene Kompass, Harry Potter und nicht zuletzt durch die beliebte Kinderzeichentrickserie um den kleinen Jungen Yakari, in der die Verbindung zu dessen Totemtier, einem großen Adler, eine herausragende Rolle spielt. Dieses Krafttier verleiht dem Jungen die Gabe, mit Tieren zu kommunizieren, was letztendlich alle seine Abenteuer entscheidend beeinflusst.

Ich bin wirklich froh und dankbar, dass es innerhalb unserer populären Kultur solche Beispiele gibt und diese Kindern – den Erwachsenen der Zukunft! – an die Hand gegeben werden, denn meines Erachtens brauchen die Menschen heute den Kontakt zur Welt der Tiere mehr denn je. Die Begegnung mit einem Krafttier ist eine wunderbare

Erfahrung und sie tritt der Entfremdung von der Welt entgegen, die so viele Menschen heute umtreibt. Unsere Seele braucht den Blickwinkel des ganz anderen, des Nicht-Menschlichen, um ganz zu werden.

Bei einem Krafttier handelt es sich um einen Spirit – einen Naturgeist in Tiergestalt, der eine beschützende und auch begleitende oder führende Rolle in unserem Leben übernimmt. Die Tiere, denen wir begegnen können, vereinen dabei zwei Aspekte: Zum einen sind sie Individuen, die als einzelne und für sich existierende Wesen die Anderswelt bevölkern. Zum anderen sind sie aber auch so etwas wie der kollektive Geist einer ganzen Tierart oder anders gesagt: der Archetyp eines bestimmten Tieres.

Insofern begegnet uns mit unserem Krafttier einerseits immer ein einzelnes Tier, zu dem wir eine individuelle Beziehung aufbauen. Dieses Tier verrät uns manchmal auch seinen Namen, sodass wir es persönlich ansprechen können. Wir können Zeit mit ihm verbringen, von ihm lernen, mit ihm die Anderswelt erkunden und immer wieder Ratschläge für ganz konkrete Fragen und Lebenssituationen einholen.

Gleichzeitig repräsentiert das Tier auch seine ganze Art mitsamt all ihren charakteristischen Eigenschaften, die einem ebenso Zeichen und Antwort sein können wie die persönlich formulierten Antworten des Krafttiers.

Persönliche Erfahrung: Der autistische Junge

Nachdem ich eine Krafttier-Suche in einer Schulklasse angeleitet hatte, berichtete ein Junge den Mitschülern, dass er mit seinem Krafttier geschmust hatte. Wie bei allen anderen Kindern freute ich mich von Herzen mit. Die Lehrerin hatte Tränen in den Augen und war mehr als verblüfft. Dass ich mich in einer integrativen Klasse mit autistischen Kindern sowie Kindern, die das Asperger-Syndrom hatten,

⟶

befand, hatte mir zuvor niemand gesagt. Wie ich erfuhr, handelte es sich um einen Jungen, der sich ansonsten gar nicht mitteilte, sondern gänzlich zurückgezogen in seiner eigenen Welt lebte. Der Kontakt mit seinem Krafttier hatte ihn aber so berührt, dass er unbedingt den anderen davon erzählen musste. Erst einige Zeit später zog er sich wieder in seine innere Isolation zurück – doch für eine ganze Schulstunde war er innig verbunden und offen gewesen.

Das war an diesem Tag und in dieser Klasse kein Einzelfall. Vielen Kindern erging es ganz ähnlich. Da war zum Beispiel noch ein kleines Mädchen. Es stürmte auf mich zu, fiel mir um den Bauch, drückte mich ganz fest und malte mir dann noch ein kleines Bild zum Abschied. Auch hier erfuhr ich von der erstaunten Lehrerin, dass dieses Mädchen große Probleme damit hatte, eigene Gefühle zum Ausdruck zu bringen, und so gut wie nie sprach oder überhaupt mit anderen interagierte. Das sind nur zwei Beispiele, die stellvertretend für viele andere stehen.

Jedes Tier ist wertvoll

Dass uns die ganze tierische Gestalt eines Krafttieres Rückschlüsse auf unser Leben geben kann, darf nicht falsch verstanden werden – etwa in dem Sinne, dass große und beeindruckende Tiere besser wären als die eher kleinen und unscheinbaren. Im Gegenteil: Jedes Tier hält eine ganz bestimmte Qualität und Botschaft für uns bereit. So gibt es Insekten, die das Hundertfache ihres Körpergewichtes tragen können und dazu noch in hochentwickelten Gemeinschaftsgefügen leben. Das Fell eines Maulwurfs besteht aus fettigen Haaren, er ist klein und blind, aber er hat auch einen unglaublichen Sinn für Raum und Zeit, schont seine Kräfte in perfekter Work-Life-Balance, macht die Erde zu fruchtbarem Boden – dieser Umgang mit Materiellem steht für einen guten Geschäftssinn – und schenkt Mut und Tatkraft. Eine Gans ist oft unbeliebt, weil viele Menschen damit eine »dumme Gans« assoziieren doch sie verfügt über einen sehr ausgeprägten Gemeinschaftssinn, hilft, falsche Freunde oder ungute Bindungen innerhalb der Familie und des Bekanntenkreises zu erkennen, leistet hingebungsvoll einen Beitrag zur Gemeinschaft und ist ganz und gar treu. Scheinbar »falsche« Schlangen bringen unter anderem vitale Lebensenergie und Transformation, indem sie uns lehren, unsere Haut (die Vergangenheit) abzustreifen und neu zu beginnen. Manches ist also durch Aberglauben oder durch den Volksmund negativ behaftet, anderes in unserem ureigenen Empfinden oder Weltbild angelegt. Das lässt sich durch Offenheit, Annahme und authentische Suche modifizieren.

Das kleine neugierige Erdmännchen beispielsweise ist ein hoch entwickelter Netzwerker und kann zudem stark sein Bewusstsein verändern und uns dadurch luzides Träumen, schamanische Trance und das Geheimnis des »Sterbens ohne Tod« lehren. Jedes Tier hat spezielle Begabungen, Verhaltensweisen und auch Schattenseiten und leistet einen unschätzbaren Beitrag zum Gesamtgefüge Natur. Stirbt ein Tier aus, so entsteht ein Ungleichgewicht im Ökosystem. Wie so oft fällt das manchmal erst dann auf, wenn es nicht mehr da ist.

Persönliche Erfahrung: Der Mann und die Maus

Vor einigen Jahren begrüßte ich einen stattlichen, kräftigen Mann als Seminarteilnehmer. Zu sagen, er sei »ein Bär von einem Mann« gewesen, trifft es ziemlich gut. Bei der Krafttier-Suche, die an diesem Wochenende stattfand, hatte er wohl die Erwartung, dass das Krafttier sich seiner eigenen Erscheinung gemäß zeigen würde. Nachdem wir die Reise beendet hatten, machte er allerdings ein ziemlich langes Gesicht. Erst wollte er gar nicht mit der Sprache herausrücken, offenbarte schließlich aber seine Enttäuschung. Statt eines erwarteten Bären hatte sich ihm nämlich eine winzige Spitzmaus als sein Krafttier zu erkennen gegeben. Ausgerechnet!

Ich erklärte ihm, dass diese Maus ganz wunderbare Eigenschaften habe, die er jetzt vielleicht noch nicht sehe, die sich aber noch als wertvoll für ihn herausstellen würden, doch er war wirklich geknickt.

⟶

Zumindest konnte ich ihn dazu ermutigen, der Maus einen Vertrauensvorschuss zu geben und sich mit ihr und ihren Kräften in der kommenden Zeit auseinanderzusetzen.

Ein paar Wochen später hörte ich wieder von ihm. Er rief mich in meiner Praxis an und berichtete ganz aufgeregt davon, wie ihm sein Krafttier in letzter Zeit geholfen habe. Eine Fähigkeit (von vielen) der Maus ist es nämlich, die Dinge genau anzuschauen, auf Details zu achten und sie geschickt zu ordnen. Genau das war etwas, was der Mann in seinem Beruf dringend brauchte, da er sich oft etwas unachtsam verhielt, was ihm immer wieder die Kritik seines Chefs eingebracht hatte. Mithilfe der Maus konnte er eine neue Seite an sich entdecken und sie nach und nach erfolgreich umsetzen.

Heute unterstützt dieser Mann mit sehr viel Feingefühl andere Menschen dabei, erste Schritte auf schamanischen Reisen zu unternehmen und sich dabei selbst zu vertrauen.

Nun bin ich mir sicher, dass du schon ganz gespannt bist, welches Krafttier dich begleitet, und es kaum erwarten kannst, diesem bewusst (wieder) zu begegnen. Es kann eine lebensverändernde Reise sein, die tiefgreifend und nachhaltig stärkt, und ich wünsche dir von Herzen genau die Erlebnisse, die es hier und heute für dich braucht. Auf einen bewegenden und verbindenden Seelenflug!

Übung: Suche nach dem Krafttier

Die folgende Reise findest du unter dem QR-Code im Anhang. Track 1 ist eine geführte Krafttier-Suche, die dich Schritt für Schritt zu deinem persönlichen Krafttier führt und dir dabei Zeit und Raum lässt, deine eigenen Erfahrungen zu machen. Du kannst aber auch wieder Track 4 abspielen und zum reinen Trommelrhythmus reisen. In beiden Fällen ist die hier angeführte »Reisebeschreibung« hilfreich, um dein Ziel zu erreichen. Wie immer ist es auch bei dieser Reise wichtig, eine klare Absicht zu haben, die uns dann als Wegweiser durch die Anderswelt dient. Vor der Reise, nachdem wir uns einen bequemen und ungestörten Platz gesucht haben, sollten wir also einen klaren Entschluss fassen: »Ich möchte mein Krafttier treffen!«

- Sage dir diesen oder einen ähnlich lautenden Satz dreimal in Gedanken und trete dann mit geschlossenen Augen deine Reise an.

- Zuerst gehst du zu deinem Kraftort (siehe Seite 72), suchst dort den Zugang zur unteren Welt und begibst dich in den Tunnel, die Höhle oder den Brunnen hinein. Lege den Weg nach unten zurück und betrete dann die Untere Welt. Mit etwas Glück wartet dein Krafttier dort bereits auf dich. Vielleicht wirst du dich aber auch auf die Suche nach ihm machen müssen. Folge deiner Intuition, laufe herum und sieh dich um. Schaue sowohl nach oben wie auch nach unten.

- Manchmal kommen Krafttiere nicht sofort, sondern verstecken sich. Dann sieht man hier und dort etwas von dem Tier aufblitzen: eine Feder hinter einem Baum, ein Augenpaar im Gebüsch, einen Pfotenabdruck. Meist zeigt sich das Krafttier dreimal, um zu sagen, dass es zu einem bestimmten Menschen gehört. Wenn du bei dieser ersten

⟶

Reise keinen direkten Kontakt hast, dafür aber dreimal einen Fuchs im Unterholz siehst, sendet dieser dir seine Zeichen für »Ich bin da« einfach anders als erwartet.

Ist man in der glücklichen Lage, seinem Tier von Angesicht zu Angesicht zu begegnen, sich anzunähern und mit ihm eine Verbindung aufzubauen, so sollte man das direkte und meist berührende Erleben jedem Krafttier-Nachschlagewerk vorziehen, da letztendlich nichts wichtiger ist als die individuelle Botschaft für den Einzelnen. Für klare Ergebnisse einer Reise empfehle ich meinen Seminarteilnehmenden stets, folgende Fragen zu stellen:

- Bist du mein Krafttier?
- Warum bist du mein Krafttier?
- Was hast du mir zu sagen?
- Was kann ich von dir lernen?
- Gibt es eine Botschaft, die gerade wichtig für mich ist?
- Was kann ich für dich tun?

Gerade die letzte Frage trägt zu einer guten und stabilen Verbindung zu deinem Krafttier bei, denn die Spirits freuen sich, wenn man etwas für sie tut. Mehr dazu kannst du ab Seite 108 lesen.

- Wenn du mit dem Krafttier gesprochen hast beziehungsweise einen ersten Kontakt aufnehmen konntest, bedanke dich für seine Hilfe und Unterstützung und verspreche, es bald wieder zu besuchen, wenn dir danach ist. Dann mache dich auf den Rückweg durch den Zugang nach oben und öffne dort die Augen.

Die Magie des Augenblicks

Wann immer man sich auf einer schamanischen Reise befindet und sich dort ein Bild zeigt, das sich nicht gleich erschließt, sollte man nicht zögern, direkt nachzufragen. Es ist wichtig, stets für das momentane Geschehen und die daraus entstehende Magie des Augenblicks offen zu bleiben und auftauchende Fragen während der Reise zu stellen, statt hinterher das Erfahrene zu »zerdenken«. Wenn wir eine wahrhaftige Begegnung zulassen, das Tier mit offenem Herzen empfangen und in Dialog mit ihm treten, kann eine tiefe, bereichernde Bindung entstehen, die die Kräfte des Tieres ganz lebendig in uns einwebt.

Es ist überaus wichtig, das Tier, das wir vorfinden, nicht zu bewerten, sondern uns wirklich auf es einzulassen – seine Weisheit übersteigt das, was unser Verstand erfassen kann, bei Weitem. Vielleicht ist es ein Tier, vor dem man sich im realen Leben ekelt oder vor dem man Angst hat. Hier gilt einfach: zulassen und wahrnehmen, was ist.

Unsere Voreingenommenheit oder unser innerer Widerstand hält uns sonst möglicherweise von essenziellen Aspekten unserer selbst fern und verhindert Wachstum und Fülle im Leben. Der Erfahrungsbericht auf Seite 102 hat gezeigt, dass wir nicht nur Harmonie in uns selbst finden können, sondern auch wichtige Botschaften erhalten, die uns im Alltagsleben ganz praktisch weiterhelfen. Das Krafttier ermöglicht es uns dadurch, ganz und gar bei uns selbst anzukommen und die Lernaufgaben des Lebens zu meistern beziehungsweise die ganze Bandbreite unseres Potenzials anzunehmen, von dem manche Teile vielleicht bisher brachgelegen haben. Schritt für Schritt nehmen wir es an und damit gleichsam das Gelingen unseres Lebens selbst in die Hand. Genauso kann dieser tierische Naturgeist jedoch auch den Fokus auf das Genießen und Annehmen der bereits vorhandenen Fülle legen und uns dabei helfen, dass wir uns die Erlaubnis geben, langsamer durchs Leben zu gehen. Wir werden immer genau auf das hingewiesen, was derzeit nach Aufmerksamkeit verlangt.

Persönliche Erfahrung: Das ungeliebte Krafttier

Bei einem Krafttier-Seminar, das ich vor einigen Jahren anbot, begegnete eine Freundin von mir ihrem Krafttier, einer Krähe. Sie wollte zuerst nicht einmal verraten, was denn nun ihr Tier sei. Sie sagte bloß:

⟶

»Das mag ich überhaupt nicht«, und ließ eine große Ablehnung spüren, fast schon Ekel. Nach einer Weile offenbarte sie es doch, nicht ohne hinzuzufügen:

»Das finde ich Sch***!« Auch das Lesen der entsprechenden Texte in verschiedenen Krafttier-Büchern half nicht weiter. Sie konnte dieses für sie unsympathische, düstere Wesen einfach nicht annehmen und wusste auch nicht, was es mit ihr zu tun haben sollte.

Drei Tage später rief sie mich völlig aufgewühlt an: »Du glaubst einfach nicht, was gestern passiert ist! Ich hatte mein Auto unter einem Baum geparkt, und als ich spätabends nach Hause fahren wollte, war der ganze Baum voller schwarzer Vögel und meine Autoscheibe war komplett vollgeschissen!« Daraufhin erwiderte ich lachend: »Das ist wohl die Antwort auf deinen Kommentar zu der Krähe.« Schuldbewusst lachte auch meine Freundin und versprach, sich dem Tier mit neuer Offenheit zuzuwenden und es vor allem selbst zu fragen, was es mit ihr zu tun habe. Was für ein eindrucksvolles Bild, das sich meiner Freundin hier gezeigt hatte – sowohl in seiner Symbolsprache als auch in einer gewissen Dramatik, die sich im Stockdunklen mit ebenjenen Tieren abspielte, vor denen sie sich ohnehin so gruselte!

Nach einiger Zeit konnte sie die Krähe dann akzeptieren und baute eine Beziehung zu ihr auf, wodurch ihr auf ganz erstaunliche Weise im Alltag Unterstützung zukam. Da es sich um eine sehr persönliche Angelegenheit handelt, kann ich hier nicht weiter ins Detail gehen. Ich hoffe jedoch, der Bericht kann dich bei ähnlichen Erlebnissen ermutigen.

Die Hilfe eines Krafttiers

Krafttiere bieten uns nicht nur emotionalen Schutz in Krisenzeiten, sie helfen uns auch ganz konkret, Probleme zu lösen und geben uns wertvolle Impulse, die uns innerlich wachsen lassen. Wir betrachten durch sie unser Leben aus einer anderen Perspektive, denn sie sind Teil unserer animalischen Natur.

Da sie auch Ausdruck unserer persönlichen Lebensenergie sind, machen sie uns darüber hinaus auf verborgene Talente aufmerksam und geben oft den entscheidenden Impuls, lang gehegte Pläne in die Tat umzusetzen. Lade bei all deinen Reisen dein Krafttier ein – es ist ein »Ortskundiger« in der Anderswelt, der dir stets den Weg weisen wird. Dies hat den großen Vorteil, dass du dich jedes Mal ganz entspannt dem Fluss der schamanischen Reise anvertrauen kannst, ohne – wenn man es so nennen möchte – mitdenken oder direkt verstehen zu müssen. Du erhältst spürbar Kraft, Schutz und Orientierung durch das Krafttier und kannst dich in einer möglicherweise verunsichernden Situation direkt rückversichern.

Führe ein Reisetagebuch

Ich kann jeder schamanisch Reisenden nur empfehlen, sich ein Notizbuch zuzulegen und direkt nach der Reise aufzuschreiben, was an Informationen, Zeichen und Symbolen in der Reise auftauchte. Eine schamanische Reise ist manchmal wie ein Traum: Nach dem Aufwachen ist alles noch präsent, aber schon ein paar Stunden später sind die Erinnerungen verblasst. Wenn wir die Erfahrungen gleich niederschreiben, können wir dagegen immer wieder auf sie zurückgreifen und sie auch noch zu einem späteren Zeitpunkt rekapitulieren und in unser Leben integrieren. Aufzeichnungen, Worte und eventuell auch Skizzen helfen nicht zuletzt, den roten Faden im Geschehen zu erkennen. Deine inneren Erlebnisse werden so zugleich im Außen verankert.

Was du für dein Krafttier tun kannst

Wenn du deinem Krafttier begegnet bist, empfiehlt es sich, so viel wie möglich über es herauszufinden und unter Umständen Parallelen seines Verhaltens beziehungsweise seines Wesens zu deinem eigenen Leben zu entdecken. Auf der Krafttier-Reise selbst kannst du schon sehr viel erfahren, aber auch im Alltag kannst du die Verbindung intensivieren, indem du dich mit dem Tier beschäftigst. Tierlexika, Tierdokumentationen auf DVD oder per Streaming, das Internet und Bücher bieten sich an. Lerne etwas über die arttypischen Charakteristika deines Tieres. Schau dir an, welche Eigenschaften auch in dir vorhanden sind – oder dir guttäten. So ehrst du das Tier und lernst auch dich selbst besser kennen. Krafttiere wissen es zu schätzen, wenn man sich auch im Alltag mit ihnen beschäftigt und auf ihre Entsprechungen in dieser Welt – also die physisch vorhandenen Tiere – achtgibt. Hierzu gibt es mannigfaltige Gelegenheiten:

Du kannst dich im Tierschutz engagieren, den Lebensraum »deines« Tieres bewahren, etwas spenden, eine Patenschaft übernehmen, in einem Tierheim oder einer Aufzuchtstation mitarbeiten – ganz nach deinen Möglichkeiten. Informiere dich, zu welchen Zwecken die Industrie das Tier missbraucht, und meide entsprechende Produkte. Oft muss man genau hinsehen: Zum Beispiel sind viele angebliche Kunstpelze nicht künstlich, sondern echte Pelze von Kaninchen, Hunden, Katzen und Waschbären …

> **Mit jeder Tierart, die ausstirbt, stirbt etwas in uns.**
>
> **Philip Carr-Gomm**

VERLÄSSLICHER WEGWEISER: DIE VISION

Eine Vision ist gleichsam ein leuchtender Stern am Nachthimmel, der ein sanftes Licht auf unseren Seelenplan wirft und uns leitet. Eine wirkliche Vision spricht von Sinn und Erfüllung. Für uns Menschen ist ein solcher Sinn im Leben ein Motor, der uns antreibt und eine wesentliche Rolle für unser seelisch-geistiges Wohlbefinden spielt. Ganz ohne Vision, Ziel und Sinn fühlt sich so manches Leben leer an – was von Frustration bis hin zu Depression, Sucht, Aggression oder auch zu körperlichen Krankheiten führen kann.

Der Wiener Psychoanalytiker Viktor Frankl (1905–1997), Begründer der Logotherapie und Existenzanalyse, gelangte zu der Annahme, dass die Grundmotivation eines Menschen der im Geistigen wurzelnde »Wille zum Sinn« sei (so auch der Name eines seiner Bücher), der sich in der Lebensführung und Realisierung der persönlichen Werte ausdrücken möchte.

Der Ruf der Seele

»Alles ist beseelt« ist eine der Grundaussagen des schamanischen Weges – es war ja in diesem Buch bereits mehrfach davon die Rede. Und dieses »Alles« schließt sämtliche Pflanzen, Tiere, Steine, Menschen, Berge, Flüsse und Meere mit ein. Alles, was existiert, hat somit auch einen Ruf der ihm innewohnenden Seele, eine ganz besondere Fähigkeit oder Eigenschaft, die die Welt benötigt, um vollständig zu sein, und die niemand sonst ihr geben kann.

Kannst du den Ruf deiner Seele deutlich vernehmen? Hast du eine Vision von deinem Weg? Wie klar kannst du deine Vision erkennen und dieser auch folgen? In schamanischen Kulturen gilt ein Mensch, der seine Vision verloren hat, als krank und es wurde und wird großes Augenmerk darauf gelegt, diese innere Verbindung wieder real erlebbar zu machen, um für eine Heilung zu sorgen, die nicht Symptome bekämpft, sondern die Ganzheit des Einzelnen wieder spürbar macht. Auch und gerade in unserer modernen Welt können wir diese heilsamen schamanischen Übungen nutzen (siehe die Visionssuche auf Seite 116 und die Medizinwanderung auf Seite 33), für unsere Zeit adaptieren und in den Genuss ihrer entstressenden und stärkenden Wirkung kommen.

Zwischen Sehnsucht und Alltagsleben

In den meisten indigenen Völkern widmete man dem Thema Vision viel Aufmerksamkeit. So bekam ein Mensch oft einen anderen Namen, wenn er eine neue, wichtige Vision geschaut hatte. Aus »Schnell-wie-der-Wind« wurde vielleicht »Die-die-zuhört», und entsprechend nahm sie fortan eine neue Aufgabe im Stamm wahr. Dieser Wandel wurde gefeiert und von den anderen honoriert.

Leider ist dies heute für uns aus unterschiedlichen Gründen nicht immer möglich. Vielleicht hat sich beispielsweise das Leben für eine Frau so gefügt, dass sie die Sehnsucht zu tanzen einer harten Arbeit opferte oder der Familie wegen hintanstellte. Im fortgeschrittenen Alter konnte sie keine Karriere mehr bei einer Ballettkompanie machen.

Es geht aber eigentlich gar nicht darum, dass wir unsere Vision schauen und diese dann sofort eins zu eins umzusetzen versuchen – es geht vielmehr um die Pflege des eigenen Geistes und eine bestmögliche Balance zwischen unserem inneren Ruf und der Außenwelt, zwischen unseren drängenden Sehnsüchten und dem, wie sich unser Leben ganz alltäglich gestaltet. Im Fall der Frau, die so gern Tänzerin geworden wäre, hieße das, dass sie ihren Traum nicht aufgibt, sondern ihn auf realistische und dennoch seelenvolle Art verwirklicht, sich zum Beispiel eine Laientanzgruppe sucht, sich Zeit nimmt, zu Hause mehr zu tanzen, Tanzfestivals besucht. So wird Tanz ein wichtiger Teil ihres Lebens.

Im Einklang mit dem Lebenstraum?

Wenn wir Zeiten in Ruhe und Abgeschiedenheit verbringen, vor allem in der Natur, so bietet uns das die Möglichkeit, uns innerlich zu regenerieren und Kraft zu tanken. Hier geschieht ein ganz natürliches Auftanken und »Sich-Erinnern«. Viele Stammesmitglieder nutzten die Visionssuche, um sich ihres Lebensplanes wieder bewusst zu werden, um zu überprüfen, ob er mit dem ureigenen Ziel noch im Einklang steht, und mitunter auch, um ihn neu zu träumen. »Träume die Welt ins Dasein!« ist ein Ausspruch, der bei indigenen und auch bei modernen westlichen Schamanen häufig in diesem Zusammenhang fällt. Die Visionssuche ist unter verschiedenen Namen weltweit bei vielen indigenen Gruppen üblich, hier wurde der vermutlich bekannteste Name gewählt. Selbst von den Ahnen aus dem nordisch-germanischen Sprachraum ist mit dem »Utiseta« eine vermutlich recht ähnliche Praxis des (wörtlich in etwa) »Draußensitzens« überliefert.

Die schamanische Praxis führt uns immer zu unserem wahren Kern, zu unserem Wesen, das sich in der Welt ausdrücken möchte – und das wir vielleicht schon viel zu lange verstecken oder kleinhalten mussten. Viele Menschen in unserer Kultur waren durch die Umstände ihrer Kindheit und Jugend schon früh dazu gezwungen, Teile ihres wahren Selbst abzuspalten, zu verstecken oder zu verleugnen. Wer diese wiederentdecken und sich erinnern möchte, beschreitet im schamanischen Sinne einen Weg der Heilung, der Ganzwerdung. Das ist sein ganz persönlicher Medizinweg.

Es ist eine Entscheidung, die jeder für sich selbst treffen muss, damit aufzuhören, sich für irgendjemanden zu verbiegen, anderen etwas vorzuspielen oder zu verschweigen. Nur so können wir die Entwicklung eines falschen Selbstbildes radikal stoppen und uns wieder dem inneren Kern zuwenden, der in uns leuchtet.

Falls die Stimme deines Herzens inzwischen nicht mehr so laut zu dir spricht oder nicht immer klar zu verstehen ist, lege ich dir die Visionssuche (Seite 116) oder die Medizinwanderung (Seite 33) sehr ans Herz. Längere Zeiten der Einsamkeit und des Schweigens in der Natur nähren unsere Seele und wecken unsere Sinne für den inneren Ruf. Verbunden mit all den Kräften, die uns umgeben, fällt es uns sehr viel leichter, uns wieder an unseren Lebenstraum, unseren Seelenplan, unsere Vision zu erinnern, und meistens erhalten wir gleichzeitig all die Kraft und den nötigen Anschub, um die Schritte in Richtung Verwirklichung zu gehen. Du findest hierbei nichts außerhalb von dir selbst, denn die ureigene Medizin war und ist immer in dir, sie gehört zu dir. Es handelt sich letztlich um ein Erinnern, ein Wachrufen und eine Bewusstwerdung von etwas, das längst da ist.

Der Zauber unserer Kindheit

Ungefähr in der Mitte seines Lebens machte der bekannte Psychoanalytiker Carl Gustav Jung (1875–1961) eine tiefe Depression durch und erkannte, dass er sich wieder mit den Träumen und Antriebsmotoren seiner Kindheit verbinden musste, wenn er die dunkle Nacht der Seele hinter sich lassen wollte. Er versetzte sich zurück in seine Kindheit und fand die Schlüsseltätigkeiten in dem zeitlosen Spielen mit sich allein. Diese Erkenntnis als Erwachsener umzusetzen und die Essenz daraus in seinem Leben wieder aktiv werden zu lassen, ließ ihn den Weg aus der Depression herausfinden. Daraufhin regte er seine Patienten an, sich ins Alter von vier bis zwölf Jahren zurückzuversetzen und den eigenen Lebensmythos oder Lebenstraum in den hingebungsvoll ausgeübten Kindheitsaktivitäten wiederzuentdecken.

Auch der Weg des Schamanen ist in gewisser Weise ein Weg des Sich-Erinnerns: an unsere grundlegende Zugehörigkeit. Wir müssen dabei nicht alles aus ferner Vergangenheit als erstrebenswert erachten. Wir leben heute und können unseren Weg heute beschreiten. Wir können ein Bindeglied zwischen verschiedenen Welten sein – der Moderne mit ihren Vorzügen und Möglichkeiten und der Vergangenheit mit ihrem Weisheitsschatz, der in uns lebendig werden möchte.

Das folgende Ritual, bei dem du mit der aufgehenden Sonne Zeichen und Hinweise für eine Vision erhalten kannst, kann ein erster Schritt sein, um deiner Vision näher zu kommen.

Alltagsritual: Zeichen der Sonne

In einigen schamanischen Traditionen wird die Heimat der aufgehenden Sonne, der Osten, mit der Kraft einer aufsteigenden Vision in Verbindung gebracht. Somit werden die Kräfte des Ostens angerufen, wenn spiritueller Beistand für die Verwirklichung der eigenen Träume, das Gehen auf dem Seelenpfad und die Erlangung der Kraft der Vision vonnöten sind. Dies ist besonders wirkungsvoll, wenn man die Tageszeit passend wählt und sich noch vor Sonnenaufgang an einen höher gelegenen Platz begibt. Dort kannst du in Stille sitzen, meditieren, den Atem frei fließen lassen und dich mit allem, was ist, verbinden (siehe Seite 47). Möglicherweise hast du bereits bei der Medizinwanderung einen passenden Platz entdeckt, der förmlich nach dir zu rufen schien … Und wenn du nun bei diesen Zeilen eine Resonanz gespürt hast, so lade ich dich herzlich dazu ein, diesem inneren Ruf zu folgen und eine Medizinwanderung vor Sonnenaufgang zu unternehmen.

- Stimme dich an dem Ort, der dich ruft, auf deine Weise ein. Versuche dabei, das Gefühl in dir zu stärken, dass du mit der Natur und allem, was ist, verbunden bist und dass du gleichermaßen auch mit dir selbst, mit deinem Inneren in Kontakt stehst.

- Wann immer du so weit bist, kannst du der aufgehenden Sonne ein Lied, ein Gedicht oder ein Gebet schenken und, wenn du magst, auch ein wenig Räucherwerk widmen. Rufe auf deine individuelle Weise spirituellen

⟶

Beistand an, bitte um die Kraft der Vision – ein Zeichen, das du verstehen kannst und welches dir den weiteren Weg weisen beziehungsweise dich auf deinen ureigenen Weg zurückführen kann. Lasse deine Worte aus dem Herzen entstehen und spreche diese gern hörbar aus.

Lausche dem Ruf deiner Seele

In der Kindheit sind wir mit unserem inneren Wesen verbunden, mit diesem göttlichen Funken, dem Zauber der ureigenen Medizin, dem Ruf unserer Seele – wie auch immer du es nennen magst. Versetze dich in deine Kindheit zurück. Erinnerst du dich an die Zeiten, in denen du allein spieltest: Was konnte dich stundenlang faszinieren? Wobei hast du alles um dich herum vergessen? Womit hast du dich selbstversunken beschäftigt?

Es kann sehr hilfreich sein, diese Fragen mit auf die Medizinwanderung oder Visionssuche zu nehmen. Diese alten Rituale dienten seit jeher dazu, den Menschen zu ermutigen, seiner inneren Stimme, seinem Herzen und den Zeichen um sich herum zu lauschen und in der Folge vertrauensvoll zu handeln. Es wurde immer mit Sorgfalt und Bedacht etwas getan, das den Einzelnen ermutigte, seiner Intuition und Vision voll zu vertrauen und darauf, dass er spürte, wenn etwas nach einiger Zeit in seinem Leben nicht mehr passte, und sich gegebenenfalls erneut auf die Suche zu begeben.

Schaue, was dir guttut und wo du dich wohlfühlst. Lasse dich von deiner Intuition führen – und entdecke einen Weg, der dich mit dir selbst und der Natur verbindet. Es ist zutiefst berührend, jemanden in seinem Wirken zu beobachten oder seinen Worten zu lauschen, der sich von seiner Vision und seinem Herzen leiten lässt wie die Seefahrer von den Sternen. Selbst dieser Jemand zu sein, lässt uns aufatmen und die Weite unserer selbst entdecken.

Was ich nicht erlernt habe, das habe ich erwandert.

Johann Wolfgang von Goethe

Genau dazu lade ich dich nun herzlich ein: Erwandere dir genau das, was es zurzeit für dich und deine Lebenslage braucht.

Naturritual: Visionssuche

Das Krafttier und die Visionssuche stehen in den indigenen Traditionen seit jeher in einem engen Zusammenhang, und so spielt das Krafttier entsprechend bei dem Ritual der Visionssuche eine große Rolle. In Stammeskulturen offenbarte sich das Krafttier dem Visionssuchenden innerhalb dieser Tage und war häufig auch der Verkünder der Vision. So beschenkte das Krafttier die Suchende oftmals nicht »nur« mit einer Vision, sondern auch mit ihr innewohnenden spezifischen Fähigkeiten und Eigenschaften, die im Rahmen der Suche auf den Menschen übergingen.

Solltest du bisher keinen Kontakt zu deinem Tier gefunden haben, könntest du es diesen alten Traditionen gleichtun. Für den Fall, dass die Verbindung zu deinem Tier bereits besteht, kannst du diese hier nutzen, es einladen und um Rat und Beistand bitten.

Vor allem bei den nordamerikanischen Indigenen war die Praxis der Visionssuche verbreitet, aber auch die Kelten und Germanen scheinen ähnliche Rituale gekannt zu haben. Im traditionellen Kontext geht es bei der Visionssuche um eine vier Tage dauernde Suche, bei der der Mensch, der sich allein aufmacht, in der Wildnis ausharrt und auf Botschaften des Großen Geistes beziehungsweise der Götter, Ahnen und auch Tiergeister lauscht. Er fastet über den gesamten Zeitraum, wodurch er empfänglicher für diese Botschaften wird.

Das alles mag sich nun nicht besonders alltagstauglich anhören – aber du kannst die Visionssuche deinen Möglichkeiten entsprechend anpassen und sie zum Beispiel auf einen ganzen Tag beschränken, wie du das bereits bei der Medizinwanderung gemacht hast. Im Unterschied zu dieser wirst du jedoch nicht wandern, sondern an dem einmal erwählten Platz innerhalb eines kleineren Radius bleiben und diesen für die Zeit deiner Visionssuche nicht verlassen. Faste an diesem Tag, sofern dir das möglich ist.

- Nimm eine Decke und eine ausreichende Ration Wasser mit und suche dir einen freien, ungestörten Platz in der Natur, den du zu deinem heiligen Platz erklärst. Lasse dich dort nieder. Nimm ganz und gar deinen Platz ein, sei vollkommen gegenwärtig und öffne deinen Geist. Versuche, möglichst wenig zu schlafen. Das lange Wachsein und das Fasten schärfen deine Sinne und erweitern dein Bewusstsein – ein leichtes Hineingleiten in die Anderswelt ist damit möglich.
- Bitte in einer Form, die dir liegt (Gebete, Anrufungen, Gesänge ...) um die Begegnung mit deinem Tiergeist. Warte.
- Gib dich ganz der Natur, dem heiligen Ort, den Elementen hin. Spüre die Sonne auf deinem Gesicht, den Wind in deinem Haar, den Regen auf deiner Haut, die Wärme oder die Kälte ...
- Beobachte die Natur um dich herum: die Bäume, die Wolken, die Bewegungen des Grases im Wind.
- Tiergeister spüren die Ernsthaftigkeit unserer Absichten und wer immer von ihnen eine Botschaft für dich hat, wird dir in Visionen, in kurzen, traumähnlichen Bildern oder inneren Impulsen erscheinen. Vielleicht schicken sie auch einen irdischen Vertreter ihrer Art an deinen Visionssucheplatz. Erscheinen mehrere Tiere, so nimm zu jedem Kontakt auf und frage jedes Tier nach einer Botschaft. Nimm alles, was du hören, sehen, empfinden, riechen, schmecken oder erahnen kannst, dankbar an.
- Bevor du deine Suche nach Ablauf der Zeit, die du vorher mit dir selbst ausgemacht hast, beendest, bedanke dich bei den Tieren und Tiergeistern und ebenso bei dem Ort, der dich willkommen geheißen hat, für die spirituelle Unterstützung.

KAPITEL 6

DIE SEELE – UNSER INNERSTES

Die Seele ist das, was uns im innersten Kern unseres Selbst ausmacht. Während der Körper hier verweilt, reist sie in die Anderswelt. Bei ihrer Rückkehr haucht sie dem Körper frischen Wind ein und flüstert von neuen Impulsen. Wer seelenvoll lebt – und das heißt ganz einfach: wer seine Seele achtet und ihren Weg geht –, befindet sich auf einem schamanischen Weg.

UNSER WAHRES WESEN

Die Seele ist des Menschen größte Kraft.

Intinilik vom Stamm der Utkabikialing

Die Seele lässt sich nicht definieren, nicht vollständig analysieren und schon gar nicht festhalten. Und doch ist sie das, was uns wirklich ausmacht. Für mich ist sie unsere innerste Wirklichkeit, unser wahres Selbst, unser wahrhaftigstes Wollen, unsere Schnittstelle zu allem, was existiert und sich mit uns im Austausch befindet. Ihr Wesen ist so jenseits von unseren üblichen Begriffen, dass wir sie nur in Bildern beschreiben können, wie das auch jahrhundertelang beispielsweise mit den Vergleichen zu Taube und Schmetterling geschah.

Wenn wir unsere Seele kennen, wissen wir, wer wir im Innersten sind, was wir wollen und was uns guttut und was nicht. Genau dabei kann uns der Schamanismus helfen, denn die Seele ist seit jeher die Domäne der Schamaninnen. Sie reist mit ihrer Seele, trifft andere Seelen, bringt Botschaften zu der Seele ihres Klienten und entfernt etwaige Blockaden aus dieser. So kann uns die Beschäftigung mit schamanischen Wegen auch unserer eigenen Seele näherbringen.

Ist die Seele unteilbar?

Hier »im Westen« gehen wir meist davon aus – wenn wir überhaupt das Konzept der Seele in Erwägung ziehen –, dass unsere Seele ein unteilbares Ganzes darstellt. In fast allen schamanischen Traditionen wird hingegen gelehrt, dass die Seele aus vielen Facetten oder Teilen besteht, von denen einzelne verloren gehen können, wenn der Mensch ein Trauma erlebt. Der Schamane oder die Schamanin kann diese verloren gegangenen Teile zurückholen und wieder in die Seele des Klienten einfügen. Diese Seelenteilrückholung ist eines der Hauptwerkzeuge im Schamanismus, denn Verluste von Seelenteilen geschehen relativ häufig.

Trauma und Seelenverlust

Erlebt ein Mensch ein Trauma, können sich Teile seiner Seele in einen »sicheren Raum« begeben. Auf diese Art gewissermaßen etwas vom Schmerz zu verschieben hilft, das Trauma, die Demütigung oder die Angst zu überstehen. Es handelt sich dabei um einen brillanten Überlebensmechanismus, der uns davor schützt, bei entsprechenden Erlebnissen gänzlich innerlich zu zerbrechen. So geht nur ein Teil von uns, damit wir weiterhin in der Welt zurechtkommen können. Dieser Teil zieht sich an einen Ort zurück, an dem ihn niemand mehr verletzen kann. Wenn er nicht von allein wieder zu uns zurückkehrt, sondern in seinem sicheren Raum verweilt, erleben wir dies als ein Gefühl, als wären wir vom Leben, von anderen Menschen oder dem eigenen Körper abgeschnitten – als wären wir auf irgendeine Art unvollständig. Neben den schmerzhaften Gefühlen, die dieser Seelenteil auf sich genommen hat, speichert er auch etwas von unserer Lebensenergie und diese steht uns dann nicht mehr zur Verfügung. Daher kann der Seelenteilverlust unter anderem zu Depressionen, Müdigkeit oder chronischem Energiemangel führen. Auch der Verlust des klaren Blickes auf den eigenen Seelenpfad, auf das, was wir in diesem Leben verwirklichen wollen, kann eine Folge sein.

Die schamanische Sicht von Krankheit

Aus schamanischer Sicht ist Krankheit ein Ungleichgewicht der Energien eines Menschen und es gibt vereinfacht gesagt drei Hauptursachen dafür: Kraftverlust, Seelenteilverlust oder ein Zuviel an Fremdenergien, die wir angezogen oder auf uns genommen haben. Einem Kraftverlust können wir durch eine Krafttier-Suche entgegenwirken und durch eine innige Beziehung, die wir nach und nach zu diesem Tier aufbauen. Diese Methode ist so zentral, dass ich ihr ein ganzes Kapitel gewidmet habe (ab Seite 94). Ähnlich ist es mit dem Seelenteilverlust, dem wir uns nun näher widmen.

Psychologie und Seelenteilverlust

Die moderne Psychologie erkennt an, dass Teile des Selbst abgetrennt werden können und das Individuum sich als entfremdet von seinem essenziellen Selbst wahrnimmt. In der klinischen Terminologie bedeutet Dissoziation die Abtrennung ganzer Persönlichkeitssegmente vom Hauptstrom des Bewusstseins, was zu Gefühlen der Fremdartigkeit und Entpersönlichung führen kann.

Die Psychologie spricht hier zwar von Dissoziation, jedoch weniger davon, was dissoziiert. An dieser Stelle sprechen die Schamanen von der Seele, der Lebenskraft oder der Essenz und beziehen damit auch den energetischen und spirituellen Aspekt mit ein. Eine tiefenpsychologische Analyse kann uns helfen, das Geschehene zu verstehen, doch ein Gefühl des Getrenntseins oder der Unvollständigkeit bleibt oft weiterhin bestehen.

Was kann ein Schock bewirken?

Alles, was einen Schock verursacht, kann zum Aufspalten der Seele führen. Unfälle, Überfälle beziehungsweise Gewalterfahrungen, Missbrauch in jeglicher Form, Trennungen (das Gefühl, als sei ein Teil, zum Beispiel das Herz, noch beim Expartner) und zerrüttete Familienverhältnisse, schwere Operationen (das Gefühl, nicht vollständig aus der Narkose erwacht oder seither unvollständig zu sein) oder der Tod einer nahestehenden Person (»Es ist, als sei auch ein Teil von mir gestorben …«). Es können auch Emotionen der Kindheit sein, das Gefühl, verlassen oder nicht geliebt zu werden.

Mitunter spielen auch Dinge oder Vorkommnisse eine Rolle, die aus der Sicht eines Erwachsenen eher als Kleinigkeiten erscheinen: So kann Seelenteilverlust durch starke Emotionen in der Kindheit schon dadurch geschehen, dass ein kleines Kind in einem

Kaufhaus verloren geht. Es dreht sich um sich selbst, kann Mama oder Papa nicht finden und sieht aufgrund seiner geringen Größe um sich herum nichts als an ihm vorbeieilende Beine. (Zunächst einmal jedenfalls keine Gesichter, bis sich vielleicht ein hilfsbereiter Mensch zu dem Kind hinunterbeugt.) Panik kommt auf und nach der Wiedervereinigung mit Mama oder Papa kann der verlorene Seelenteil, je nach Stärke der Panik oder des seelischen Schmerzes, entweder recht bald von selbst zurückkehren oder sich weiterhin verstecken.

Da die Seelenteile diese starken Emotionen bei der Abspaltung mit sich nehmen, kann ein schwaches Echo der ursprünglichen Begebenheit den Menschen immer wieder in Situationen bringen, die daran erinnern. So kann ein erwachsener Mann einfach nicht aufhören, in jeder Beziehung recht bald Verlassenheitsängste zu empfinden – für die jeweilige Partnerin völlig grundlos –, obwohl er an diesen Moment im Kaufhaus nicht einmal eine bewusste Erinnerung hat.

Hier wird deutlich, dass es sich nicht immer um gemeinhin als »Traumata« bezeichnete Begebenheiten handeln muss. Grundsätzlich kann jeder Schock zu einem Seelenteilverlust führen, muss es jedoch nicht.

Wenn uns die Lebenskraft nicht vollständig zur Verfügung steht

Es sei erwähnt, dass nicht nur durch medizinische Narkosen, sondern auch durch einen extrem starken Rausch Seelenteile sozusagen absplittern können. Letztere zeigen sich meist deutlich anders als durch Traumata verlorene Seelenteile in den schamanischen Reisen und es gehen andere Gefühle damit einher – dennoch sind es Teile unserer Lebenskraft, die uns aktuell nicht zur Verfügung stehen und mit denen die Seele natürlich wieder vereint werden möchte. Die Seele will eins sein, alle ihre Anteile in sich wissen, um ihren Weg gehen zu können und ihr Licht wahrhaft leuchten zu lassen.

Dieser tiefe innere Wunsch nach Vollständigkeit unserer Seele ist es auch, der uns immer wieder Situationen im Leben kreieren lässt, die uns an die Wunde erinnern – in der unbewussten Hoffnung, dass wir wieder mit der damals verlorenen Kraft in Verbindung kommen, die uns heute so schmerzlich fehlt. Wir wollen heil werden. Wir wollen wieder ganz wir selbst sein. Es ist an uns, diesen Kreislauf zu durchbrechen und eine solche wiederkehrende Situation als Geschenk zu betrachten, etwas, woran wir wachsen können.

Wenn es dir das nächste Mal so erscheint, als wärst du in einer Feedbackschleife wie einer emotionalen Spirale, die dich hindert, kannst du handeln und etwas für die Selbstheilung deiner Seele tun! Du hast nun gehört, dass es Seelenteile gibt, die sich nur für kurze Zeit von uns entfernen und ganz von selbst ihren Weg zurückfinden, »wenn die Gefahr vorüber ist« und sich unser Energiesystem beruhigt hat. Doch manche Erlebnisse waren vielleicht so gravierend, dass dieser verlorene Seelenteil sich deine bewusste Begleitung wünscht, um wieder zurück nach Hause zu kommen.

In der andinen Tradition geht man zum Beispiel davon aus, dass sich verlorene Teile unserer Seele in die Sicherheit der Erde zurückziehen und wir sie zu uns zurückrufen können. Auch in der tibetischen Tradition werden die Teile ganz bewusst zurückgerufen. Je nach dem Grund für deinen Seelenteilverlust und deine Sensibilität gelingt dies nicht immer ganz allein zu Hause – bereits in alten Zeiten hat ein Schamane bei eigenen herausfordernden Prozessen eine Kollegin oder einen Kollegen des benachbarten Stammes aufgesucht. »Im eigenen Land sind wir alle blind« kann genauso zutreffend sein, wie die Tatsache, dass es in manchen Lebenslagen eine erfahrene Person an unserer Seite braucht, die uns den Raum hält. Und doch möchte ich dir an dieser Stelle eine Übung an die Hand geben, die es dir ermöglicht, verlorene Seelenteile über eine schamanische Reise zurückzuholen, sodass sie sich wieder vollständig integrieren und du aus deiner Kraft leben kannst. Du kannst dazu Track 3 auf der Website (via QR-Code im Anhang) nutzen, dich Schritt für Schritt zu deinem Seelenteil führen lassen und dabei wie auch bei den vorangegangenen Übungen Zeit und Raum für dein eigenes Erleben nutzen. Selbstverständlich kannst du die Rückholung des Seelenteils auch ganz klassisch mit Track 4 erfahren, indem du deinen Geist zum Rhythmus der Trommel frei fliegen lässt. Möglicherweise verspürst du bei diesem sensiblen Thema in einer bestimmten Situation das Bedürfnis nach einer freien Reise und zu einem anderen Zeitpunkt wünschst du dir eine Begleitung. Gern erhältst du nun – wie auch schon für die Krafttier-Suche – eine hilfreiche kleine »Reisebeschreibung«.

Hier bitte ich dich, vor der schamanischen Reise eigenverantwortlich therapeutischen Rat einzuholen, falls du dich derzeit in einer (Trauma-)Therapie befindest. Grundsätzlich ist es bei allen schamanischen Reisen hilfreich, Körper und Geist ausreichend Ruhezeit zu geben und daher nach der Reise noch eine Weile liegen zu bleiben, um nachzuspüren. Der Geist befindet sich auf dem sogenannten Seelenflug und wir tun gut daran, eine sanfte Landung zurück in den Körper zu gewährleisten. Es ist also stets empfehlenswert, genug Raum und Zeit für sich zu haben, keine Anschlusstermine und Ähnliches, sodass wir gezielt erspüren können, was es jeweils für uns braucht. Es trägt in jedem Fall zu einer Regulierung des Nervensystems bei und so empfehle ich dies auch als Lebenseinstellung, ganz unabhängig von einer schamanischen Reise.

Übung: Die Heimkehr deiner Seele

Suche dir einen bequemen, ungestörten Platz. Sorge für eine Atmosphäre, in der du dich sicher und getragen fühlst. Entzünde eine Kerze oder Räucherwerk, schenke dir selbst Zeit, in der deine Achtsamkeit nur dir allein gilt und durch nichts und niemanden abgelenkt werden kann. Niemand ist gerade so wichtig wie du. Öffne für dich den heiligen Raum (siehe Seite 84) und bitte ganz frei und in deinen eigenen Worten die hilfreichen Spirits an deine Seite.

Wie immer ist es auch bei dieser Reise wichtig, eine klare Intention zu haben, die den Spirits unseren Wunsch und unser Vorhaben unmissverständlich signalisiert. Fasse also einen eindeutigen Entschluss: »Ich möchte einen verlorenen Seelenteil zurückbringen!«

- Sage diesen oder einen ähnlich lautenden Satz dreimal in Gedanken, am besten in Verbindung mit drei tiefen Atemzügen, und tritt dann mit geschlossenen Augen deine Reise an.

- Begib dich zuerst zu deinem Kraftort (siehe Seite 72) und bitte dein Krafttier, zu erscheinen. Erzähle ihm, warum du gekommen bist, welche Situation dich vielleicht gerade an eine Wunde erinnert hat und dass du dir die Vollständigkeit deiner Seele wünschst. Bitte dein Krafttier, dich an einen Ort in der Anderswelt zu bringen, an dem ein Seelenteil weilt, der dir fehlt, den zurückzuholen jetzt gerade so wichtig ist. Du wirst alle Hilfe erfahren, die du dabei benötigst. Folge vertrauensvoll deinem Krafttier und höre im Verlauf der Reise auf deine Intuition.

- Sollte dir auf dieser Reise etwas Bedrohliches begegnen oder dir eine Szene deines Lebens gezeigt werden, die dich sehr verletzt hat, bitte

dein Krafttier darum, dir zu helfen, diese Energien aufzulösen und deinen Seelenteil in Harmonie empfangen zu dürfen.

- Du wirst deinem verlorenen Seelenteil begegnen und kannst ihn dann wissen lassen, wer du heute bist, welche Wendungen dein Leben genommen hat und warum du jetzt hier bist. Vielleicht wirst du erkennen, was damals geschehen ist und warum sich dieser Teil von dir entfernt hat. Vielleicht hat dir diese Kraft einfach gefehlt und der Seelenteil hat schon lange auf dich gewartet. Versichere ihm, dass du dich gern um ihn kümmern wirst und ihm heute nichts mehr geschehen kann. Oftmals sprechen diese Teile von uns ihrerseits einen Wunsch aus, etwas, das ihnen diese Geborgenheit damals vermittelt hat und das sie heute benötigen, um zurückkehren zu können.

- Wenn es dir möglich ist, verspreche, diesen Wunsch zu erfüllen.

Ich kann dir versichern, dass dies die Integration in allen mir bekannten Fällen leichter und schneller geschehen ließ und die Wirkung zutiefst heilsam war (mehr findest du dazu in meinem Buch *Nestbau für die Seele*, siehe Anhang).

- Nimm diese höchst individuelle persönliche Nachricht in dir auf und bitte deinen Seelenteil, mit zurückzukehren.

- Wenn dein Seelenteil dem zustimmt, so forme deine Hände zu einer Art Schale und nimm die Energie des Seelenteils darin auf. Halte deinen Seelenteil achtsam in den Händen.

- Kehre nun begleitet von deinem Krafttier und mit diesem wertvollen Teil deiner selbst zu deinem Kraftort zurück. Von da lenke dein Bewusstsein dorthin, wo du gerade sitzt oder liegst, und spüre deinen Körper. Mit weiterhin geschlossenen Augen führe deine Hände zum Herzen, in die Mitte deiner Brust, und atme diese Energie in dich hinein. Nimm nun mit drei tiefen Atemzügen deinen Seelenteil ganz in dich auf.

- Danke deinem Krafttier für seine Begleitung und gönne dir für das Nachspüren dieser Integration so lange Zeit, wie du dazu benötigst.

- Öffne die Augen und nimm die Welt um dich herum wahr.

- Wenn du magst, sehe dir direkt danach in einem Spiegel tief in die Augen und begrüße deinen Seelenteil: »Willkommen zu Hause!«

Ein Trauma aus der Vergangenheit

Selbstverständlich gibt es Fälle, in denen das Zurückrufen der Seelenteile nicht so einfach gelingt. Dass du die vorangehende Übung allein zu Hause ausführen kannst, soll nicht den Eindruck erwecken, dass dies für jede Lebensgeschichte der geeignete Weg wäre. Wenn du unter einem tief sitzenden Trauma leidest, solltest du dich nicht scheuen, einen Schamanen, eine Schamanin deines Vertrauens zurate zu ziehen. Die vorgeschlagene Seelenrückholung kann in vielen Fällen hilfreich sein, die Selbstheilungskräfte anregen und dadurch erstaunliche Ergebnisse liefern – doch natürlich ist sie kein Allheilmittel und erst recht keine Zauberei. Zudem braucht es eine gewisse Zeit, um Seelenteile wieder zu integrieren, und hier kann Hilfe notwendig sein.

Raider heißt jetzt Twix

Falls du deinem Seelenteil während der Reise eine Süßigkeit, ersehnte Aktivität oder Ähnliches versprochen hast, sorge für eine baldige Erfüllung dieses Wunsches. In manchen Fällen sind die Dinge, nach denen es den Seelenteil verlangt, nicht mehr erhältlich. Dennoch findet man meist etwas Ähnliches oder man kann dem Seelenteil etwas vorschlagen, was dem damals geliebten Geschmack nahekommt. Vielleicht hat sich – wie bei Raider/Twix – nur der Name geändert. Wichtig ist, dass ein Gefühl der Geborgenheit vermittelt wird, das einladend auf den Seelenteil wirkt. Es ist ein Nach-Hause-Kommen des Seelenteils an den Ort, zu dem er gehört, und das wird ihm im wahrsten Sinne des Wortes »versüßt«.

Manchmal braucht es aber einfach nur Zeit, die mit dem Seelenteil verbracht wird. Wenn der Seelenteil Aufmerksamkeit erfährt, fühlt er sich schneller wieder zu Hause, als wenn man direkt wieder zur gewohnten Tagesordnung übergehen würde. In dieser folgenden Erfahrung wird dies wunderbar deutlich.

Persönliche Erfahrung: Ein besonderer Wunsch

Wann immer ich im Rahmen einer schamanischen Reise für meine Klienten auf einen Seelenteil treffe, frage ich diesen ganz konkret, was er sich wünscht und was er benötigt, um sich wieder willkommen zu fühlen. Da viele Seelenteile in der Kindheit verloren gehen, werden teilweise auch recht überraschende Wünsche geäußert – nicht selten eben nach bestimmten Süßigkeiten, da mit diesen emotionale Verknüpfungen an schöne Stunden in der Kindheit einhergehen.

Einmal wurde mir eine Süßigkeit gezeigt, die ich noch nie zuvor gesehen hatte und zunächst nicht als etwas Essbares identifizieren konnte. Daher fragte ich nach und bekam Angaben zum Geschmack, zur Konsistenz, und auch das Bild zeigte sich noch einmal klarer, sodass ich dem Klienten genau beschreiben konnte, wie das Ganze schmecken müsse, und eine kleine Skizze anfertigte. Plötzlich erinnerte er sich an seine Heimat, aus der er bereits im Alter von drei Jahren ausgewandert war, und an die damalige Zeit bei seinen Großeltern, die ihn mit diesen Leckereien immer verwöhnt hatten. Glücklicherweise konnte er über das Internet diese Süßigkeit aus Kindertagen bestellen und sich gemeinsam mit seinem Seelenteil daran erfreuen.

Ist dir bereits beim Lesen dieser Geschichte gerade etwas ganz intuitiv in den Sinn gekommen? Notiere es dir gerne direkt. Die Weisheit unserer Seele spricht so häufig in direkten Eingebungen zu uns und viel zu oft gehen wir im Alltag darüber hinweg. Zusätzlich zu einer eventuellen Intuition während des Lesens gerade gebe ich dir gern auch die folgende Übung zur Vertiefung an die Hand.

Übung:
Willkommensgruß

Wenn du auf intuitive Weise zu deinem zurückgekehrten Seelenteil Kontakt aufnimmst – es dir zu Hause gemütlich machst, dir selbst mit Achtsamkeit begegnest –, können die Wünsche des Seelenteils auch in Form von inneren Bildern und Impulsen übermittelt werden.

- Spüre in entspannter Atmosphäre folgenden Fragen nach:
  Was habe ich zu dieser Zeit wirklich geliebt?
  In welcher Tätigkeit bin ich völlig aufgegangen und habe alles um mich herum vergessen?
  Was habe ich gern gegessen oder genascht? Welche Orte mochte ich besonders gern?
  Welche Musik, vielleicht sogar welches spezielle Lied hat mir damals gefallen?

- Lade deinen Seelenteil ganz bewusst in dein Leben ein, indem du ihn mit etwas begrüßt, was ihn erfreut.

Heilsame Erinnerungen

Sich in dieser Art an eine kraftvolle, vielleicht heile Zeit zu erinnern, verankert deinen Seelenteil wieder im Gesamtgefüge deiner Seele und lässt diese erstarken und strahlen. Nutze die Übung, um dich ein Stück weit selbst zu heilen. Dies wird die Seelenteilrückholung mit einer nährenden Portion Selbstfürsorge und Selbstmitgefühl inmitten deines Alltags sehr gut einbetten. Fühle dabei die Verbundenheit und das Einssein mit allen Dingen ebenso wie die Einheit deiner Seele.

KAPITEL 7

HEIL WERDEN – DER WEG IN DIE GANZHEIT

Heilung bedeutet im Schamanismus, sich wieder als ganzen Menschen zu erfahren – als Menschen, der mit seiner vollständigen Seele in seinem Körper und der ihn umgebenden Natur zu Hause ist, der seine Sinne in die Welt ausstreckt und sich als Teil von ihr begreift. Heilung bedeutet darüber hinaus, dass man seine Vision gefunden hat und von dieser getragen kraftvoll und kreativ die eigenen Talente lebt.

ZEREMONIELLE WEISHEIT

Heilung beginnt immer mit der spirituellen Erwärmung des Herzens.

Don Pedro Guerra Gonzales

Schamanen hatten seit jeher die Aufgaben der Seelsorger, Berater, Priester und Weissager inne und übten darüber hinaus weitere vielschichtige Rollen aus. Als Bewahrer der Mythen erzählten sie Geschichten, die den Menschen zeigten, woher sie kamen und wo sie zu Hause waren, sie umhüllten den Ort des Stammes mit Poesie und lehrten von der Ordnung des Kosmos. Zugleich kümmerten sie sich um die Gesundheit derer, mit denen sie zusammenlebten: Sie entwickelten Rituale und Heilzeremonien, befassten sich intensiv mit der Pflanzenwelt, um Medikamente herzustellen, und unternahmen schamanische Reisen, auf denen sie die Seelenwelt ihrer Klienten erkundeten und Aufschluss über Ursachen und Lösungsmöglichkeiten für Probleme fanden.

Heute liegt der Fokus häufig allein auf dem Aspekt des Heilens, genauer gesagt der Wiederherstellung der körperlichen Gesundheit, wobei gern übersehen wird, dass all die oben genannten Rollen etwas damit zu tun haben, Menschen in ihre Ganzheit zurückzuführen, sie also im wahrsten Sinne des Wortes heil zu machen. Der Schamanismus ist somit keine Medizin, keine Behandlungsmethode, die ein Symptom isoliert und für Besserung sorgt, sondern eine ganzheitliche Methode, die dazu dient, Menschen in ihre vollständige Kraft zurückzubringen. Dabei steht ein Begriff im Mittelpunkt: Energie!

Lebendige Energie

Die Schamanen gehen in ihrem Weltbild davon aus, dass alles, was existiert, aus schwingender, lebendiger Energie besteht. Daher gibt es auf einer grundlegenden Ebene auch keinen gravierenden Unterschied zwischen Erfahrungen in unserer Alltagswelt und den Erlebnissen in der Anderswelt. In beiden Welten schwingt dieselbe Energie.

Wenn wir nun während einer schamanischen Reise etwas verändern, zum Beispiel ein inneres Bild in Harmonie bringen, ändert sich zwangsläufig auch etwas auf geistiger, seelischer und körperlicher Ebene in unserer »normalen« Welt. So zielen die schamanischen Rituale und Übungen darauf ab, die Energie eines Menschen zu verändern und damit gleichsam eine für Körper, Geist und Seele wohltuende Veränderung zu erreichen.

Auf allen Ebenen

Die Ebene der Energie ist sozusagen diejenige, auf der gearbeitet wird – die erste Instanz. Danach ziehen sich die Veränderungen durch die anderen Ebenen hindurch, bis sie auf der körperlichen Ebene angelangt sind. Die materiellste der drei Ebenen wird als letzte erreicht. Dies ist der Grund, weswegen ein Mensch, der weiterhin von seinem körperlichen Symptom begleitet wird, dennoch aus schamanischer Sicht als »geheilt« gilt, sofern eine energetische Ganzheit hergestellt werden konnte. Um Symptomfreiheit geht es nicht unbedingt.

Viel mehr möchte ich dazu in dieser theoretischen Form nicht sagen – viel besser ist es, wenn du selbst Erfahrungen sammelst, wenn du spürst, dass ein Ritual oder eine Reise etwas verändern kann. Und da dies ein alltagstaugliches Praxisbuch ist, möchte ich dich gleich zu einem Ritual einladen, das du ganz leicht für dich selbst durchführen kannst und das eine spürbare energetische Wirkung hat.

Alltagsritual: Feuerzeremonie

Dieses Ritual kannst du auf verschiedene Weisen durchführen – mach es so, wie es für dich am besten passt und wie es deinen Möglichkeiten entspricht. Du kannst entweder in deinem Garten ein Lagerfeuer entzünden, dich an deinen Kamin setzen oder aber einfach eine Kerze anzünden und deren Flamme nutzen.

Bei einem Lagerfeuer oder Kamin nimm drei kleine Äste beziehungsweise Stöcke zur Hand, bei einer Kerze drei kleine Papierstreifen. Wenn du die Kerze in deinen vier Wänden entzündest, stelle noch eine Wasserschüssel bereit.

- Lade auf deine Weise deine hilfreichen Spirits ein.

- Widme dich nun intensiv einem Anliegen, einer Sache, die du loslassen möchtest, etwas, das du transformieren willst, etwas, das dich irgendwie daran hindert, deine volle Kraft zu leben. Visualisiere diese Sache, versuche, ein Gefühl zu deinem Anliegen zu entwickeln – atme dann tief ein und puste das Gefühl dreimal kraftvoll (und ruhig auch geräuschvoll) in einen Stock oder ein Papier. Diese werden hierbei zu energetischen Trägern deines Anliegens, sie speichern die energetische Information dessen, was du loslassen möchtest.

- Da aus schamanischer Sicht das Universum eine entstehende »Lücke«, also den in dir nun frei gewordenen Platz, mit etwas anderem füllen möchte, widme dich nun einem zweiten Anliegen – etwas, das du in dein Leben einladen möchtest, zum Beispiel eine Eigenschaft, die du erlangen oder künftig stärker kultivieren möchtest. Vielleicht formulierst du in Gedanken auch eine Art Manifest für etwas, das du

schon lange tun willst, für das dir jedoch bisher der Mut oder die Kraft fehlte. Atme auch dieses Anliegen dreimal in den zweiten Stock oder Papierstreifen.

Kein Ritual betrifft einzig uns allein – immer ist die ganze Welt in unserem Tun gegenwärtig, da wir stets mit allem verbunden sind. Und so lässt sich diese Zeremonie stimmig dadurch abrunden, dass wir sie mit einem Wunsch für die Welt beschließen. Dieser kann die Tiere, bestimmte Landstriche, die Umwelt allgemein oder auch ganz konkret betreffen.

- Spüre spontan, welcher Wunsch für die Allgemeinheit, für die Welt, für alle lebenden Wesen aus deinem tiefsten Inneren entspringt, und puste auch diesen dreimal kraftvoll in den letzten Stock beziehungsweise in den letzten Papierstreifen.

- Werfe nun die Stöcke nacheinander ins Feuer und übergebe sie damit der geistigen Welt und ihrer Kraft der Transformation. Mache dir dabei noch mal bewusst, was genau da in deinem Stock enthalten ist, lege einen nach dem anderen in die Flammen und schaue ihnen beim Verbrennen zu. Verfahre entsprechend mit den Papierstreifen und werfe jeweils den letzten Rest nach dem Abbrennen ins Wasser.

- Schaue zu, wie jeder einzelne Stock oder jeder einzelne Papierstreifen mitsamt deinem Anliegen vom Feuer transformiert wird. Hierbei zeigen sich oft in bestechender Klarheit die Energien der jeweiligen Wünsche und auch deren beginnende Transformation. Hab Vertrauen in die geistige Welt und beende die Zeremonie, wie es sich für dich gut anfühlt. Bedanke dich abschließend.

Einfach, aber nicht primitiv

Die uralten Methoden zeichnen sich durch ihre Einfachheit aus – und sind dennoch keineswegs primitiv. Ihre kraftvolle Wirkung entfaltet sich zumeist in einem längeren Zeitraum und oftmals merkt man erst in der Rückschau, wie viel sich bereits verändert hat. Hierbei kommt es häufig vor, dass ein Traum oder ein Aha-Erlebnis im Alltag die Veränderung deutlich anzeigt und dabei nicht selten auch andere Themen des Lebens »wie nebenbei« gelöst werden.

Persönliche Erfahrung: Das Feuer und der Hund

Eine Klientin nutzte die Feuerzeremonie, um ihre Depressionen loszulassen. Außerdem lud sie ein größeres Selbstvertrauen in ihr Leben ein. Ungefähr zwei Wochen nach der Zeremonie unternahm sie einen Spaziergang am Mainufer, wo plötzlich ein frei laufender Hund auf sie zustürmte. Sie ging in die Hocke, streichelte seinen Kopf und sagte: »Na, wer bist du denn?!« In diesem Moment fiel ihr schlagartig ihr Verhalten auf. Zeit ihres Lebens hatte sie panische Angst vor Hunden gehabt. Diese Angst ließ sie bisher stets die Straßenseite wechseln, wenn sie nur von Weitem einen Hund kommen sah. Sie konnte kaum glauben, was sie da plötzlich so frei und instinktiv vertrauensvoll getan hatte.

Ein Lächeln zog sich über ihr ganzes Gesicht und sie ist seither nicht nur frei von dieser Angst vor Hunden, sondern hat zu einem gesunden Selbstwertgefühl und einem emotional ausgeglichenen Leben gefunden.

Die Kunst des Rituals

Schamanen bereiten sich sorgfältig auf ein Heilritual vor. So wird der Ritualort eingerichtet, Utensilien werden gesammelt (zum Beispiel die Stöcke für die Feuerzeremonie), heilige Objekte bereitgelegt (Räucherwerk als Gabe an die Spirits, eine Rassel oder Trommel und so weiter) und man stimmt sich durch das Öffnen des heiligen

Raumes ein, oft auch durch Fasten und Gebete. Jedes Ritual ist tief von alter Symbolik durchdrungen, die die Teilnehmer in eine von Sinn erfüllte Welt eintauchen lässt und sie mit den Grundelementen ihrer spirituellen Tradition in Verbindung bringt. So werden beispielsweise Ritualgegenstände benutzt, die in enger Verbindung zu Schöpfungsmythen stehen, um die Teilnehmer an ihren Ursprung, ihre Herkunft und die damit verbundene Kraft zu erinnern.

Es werden Kräfte der Natur beziehungsweise Götter und Göttinnen angerufen, die diese Kräfte versinnbildlichen, und manchmal werden diese Götter und Göttinnen auch von einem Teilnehmer dargestellt, um so eine weitere Erfahrungsebene anzusprechen. Immer geht es darum, die Kraft, die alles durchdringt (und die es letztlich ist, die für wirkliche Heilimpulse sorgt), spürbar zu machen.

Festgelegte Abläufe vermitteln Sicherheit und das Gefühl, dass man etwas Altbekanntem begegnet. Zudem sind diese Abläufe ein Teil von Traditionsweitergabe, die die Teilnehmer in eine Reihe mit ihren Ahnen stellen – mit Menschen, die schon seit langer Zeit Kraft aus diesem Ritual und der damit verbundenen Weltsicht schöpfen. Alles ist darauf abgestimmt, einerseits Ehrfurcht vor dem Geheimnis der Natur zu wecken und sich andererseits als Teil ebendieses Geheimnisses zu verstehen. Die Erfahrung der Zugehörigkeit, der Teilhabe an der grundsätzlichen Kraft, die nicht nur im äußerlichen Geschehen des Rituals, sondern auch im eigenen Körper spürbar ist, wird zu einer wahren Erfahrungsmedizin.

Staunen, Ehrfurcht und Verbindung

Jeder Mensch kann auf eine für ihn stimmige Weise Staunen, Ehrfurcht vor etwas Größerem sowie spielerische Leichtigkeit in sich wecken, um einem bedrückenden Thema oder einer herausfordernden Lebenssituation ganz neu, ganz anders zu begegnen. Es ist nicht zu unterschätzen, wie stark sich ein Ritual mit Energie aufladen kann, wenn wir es durch einen klaren Beginn und ein klares Ende dem Alltag entheben. Schamanische Rituale entstanden aus einer Mischung von Spiritualität als Ausdruck der Verbundenheit mit etwas Größerem, kulturellen Handlungen, Wissen, welches auf den Reisen erlangt wurde, und dem Wissen der Ahnen sowie Handlungen, die in Notsituationen ausprobiert wurden und ihre Wirkung zeigten. Viele uralte Riten haben überlebt, weil sie mündlich weitergegeben und oftmals in ihrer Wirksamkeit durch persönliche Erfahrungen untermauert wurden. Diese Rituale werden noch heute zelebriert, um die Selbstheilungskräfte anzuregen und auch die Heilung des Miteinanders und so des großen Ganzen zu fördern.

DIE ESSENZ SCHAMANISCHEN HEILENS

Bei der schamanischen Heilung geht es im Kern um zweierlei: Was zu viel ist, muss entfernt werden, und was verloren gegangen ist, muss zurückgebracht werden. Beides bezieht sich immer auf die Seele des Menschen. Es gibt verschiedene Methoden der Extraktion (für das Entfernen) und der Seelenteilrückholung (für das Hinzufügen). Mit Letzterer haben wir uns bereits befasst (siehe Seite 120). Hier will ich kurz auf die Extraktion eingehen. Dabei wird etwas aus unserem Energiekörper herausgezogen, das nicht zu uns gehört. Dies können Seelenteile eines anderen Menschen sein oder immer dichter gewordene Gedankenmuster, die nach wiederkehrenden Erfahrungen greifbar geworden sind und wie ein »schwarzer Fleck« unser Leuchten verdunkeln.

Das folgende Ritual der Native Americans wurde durch die Schamanin Sandra Ingerman an mich weitergegeben. Es bedient sich eines meditativen Zustands, der durch das Chanten von einfachen, sich stetig wiederholenden Texten entsteht. Gleichzeitig ist dieser Text ein inniges Gebet, das sich direkt an Vater Sonne als geistigen Verbündeten und hilfreichen Spirit wendet und um eine Extraktion bittet.

Wenn du mit echter Hingabe singst, wirst du feststellen, dass deine Energie vom Kopf zum Herzen fließt.

Sandra Ingerman

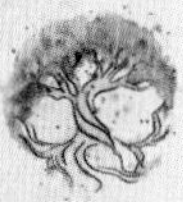

Naturritual: Lied an die Sonne

Nutze am besten die frühen Morgenstunden, wenn die Sonne aufgeht. Singe das folgende Lied immer wieder. Variiere Lautstärke und Tempo und finde spielerisch deine ureigene Melodie. Mit der Zeit verselbstständigt sich das Lied, du gehst darin auf, du »lässt dich von dem Lied singen«. So kann sich deine Energie ganz auf deine Gefühle und dein Herzensanliegen richten. Jede gesungene Zeile wird nun eindringlicher, oft auch emotionaler, und der Klang deiner Stimme trägt das Anliegen aus tiefster Seele vor.

- Setze oder stelle dich so hin, dass die Sonne direkt auf dich scheint.

- Bereite dich innerlich mit ein paar Minuten stiller Meditation oder einem kleinen Gebet vor. Widme dich für ein paar Momente deinem inneren Anliegen und beginne dann das folgende Lied zu singen (dazu findest du über den QR-Code eine Hörprobe auf meiner Website).
  Morning sun, morning sun – come my way, come my way. (4-mal)
  Come my way, come my way – take my pain, take my pain.
  Take my pain, take my pain – down below, down below.
  Down below, down below – cool waters down below.

- Wiederhole das Lied, sooft es dir guttut. Gib dich ganz dem inneren Reinigungsprozess hin, bei dem deine Herzensenergie durch die Kraft des Liedes wirkt und alles, was nicht zu dir gehört oder dir nicht (mehr) dienlich ist, aus deinem System entfernt. Du wirst spüren, wann sich diese Energie wieder verändert, du vielleicht immer leiser und innerlich ruhiger wirst, und wann es Zeit ist, dieses Ritual zu beenden.

- Schließe das Ritual mit deinem Dank an die Spirits sowie an die Sonne und ihre transformierende Energie ab.

Musik und Heilung

Die Schamanen aus dem Altai-Gebirge in Zentralasien sagen, dass wir mit der Kraft der Lieder Wüsten durchqueren können. So wie ein Bild oft mehr sagt als tausend Worte, kannst auch du mit dem bloßen Klang deiner Stimme manchmal mehr sagen als mit einem Liedtext. Vielleicht liegt dir die folgende Übung daher sogar mehr als das »Lied an die Sonne«.

Übung: Ein wortloses Lied

Manchmal stehen uns bei unserem inneren Erleben Worte im Weg, da ihre Bedeutung meist recht klar umrissen ist und sich das, was in unserer Seele vorgeht, nicht in einen Rahmen zwängen lässt. Diese einfache Übung umgeht daher Worte und zielt darauf ab, deiner Seele ganz direkt und unvermittelt Ausdruck zu verleihen.

- Probiere auf einem Waldspaziergang einmal, eine Melodie aus deinem Inneren aufsteigen zu lassen. Summe, brumme, benutze eine Fantasiesprache, lasse es einfach fließen, sich verändern, laut und leise werden – ganz deinem inneren Gefühl folgend. Singe dein Lied und kümmere dich nicht darum, wie es sich anhört. Vielleicht erhältst du Antworten vom Wind oder von zwitschernden Vögeln. Schaue und lausche einfach, was passiert.
- Lasse das Große Geheimnis, die Große Göttin, den Großen Geist durch dich singen und verleihe ihm mit deiner Stimme Ausdruck.

Die Lieder der Welt

In der ganzen Welt wurde und wird bei Heilritualen Musik eingesetzt. Im alten Griechenland galt Apoll als Gott der Medizin und gleichzeitig als Gott der Musik. Platon und Aristoteles sprachen bestimmten Melodien Heilkraft zu. Der Glaube, dass die Musik über eine besondere Kraft verfügt, reicht von den nordamerikanischen Indigenen bis hin zu den Sufis. Am Anfang der langen Reihe Heilkundiger, die Musik zu therapeutischen Zwecken eingesetzt haben, stehen die Schamaninnen. Die ältesten Musikinstrumente, die Archäologen gefunden haben, sind Flöten aus Knochen und Geweihstücken, die vor ungefähr 35 000 Jahren in Gebrauch waren und sicherlich auch rituellen Zwecken dienten. Musik spielte in vielen schamanischen Kulturen eine große Rolle. Besonders bekannt sind die südamerikanischen Vegetalistas (Schamanen, die mit Pflanzengeistern heilen), die bis zu 5000 verschiedene sogenannte *icaros* erlernen. Diese heiligen Gesänge stehen jeweils in direkter Verbindung mit einem Pflanzengeist, also der Urenergie, der Seele der Pflanze. Die Sora-Schamanen in Indien rufen beispielsweise mit rituellen Liedern bestimmte Geister an und begleiten bei einem Begräbnis mit Gesängen den Übergang des Verstorbenen.

Die Macht dieser heilsamen Lieder liegt nicht nur in der Bedeutung der gesungenen Worte, sondern auch in der musikalischen Wirkung. Das kann man sich leicht vorstellen, wenn man ganz pragmatisch an das eigene Lieblingslied denkt und sich bewusst macht, was dieses beim Hören für Emotionen auslösen kann.

Der Gesang von Pflanzen und Bäumen

So wie die Vegetalistas ihre Lieder direkt von der Pflanze erfahren, kannst auch du dich von der Natur, die dich umgibt, inspirieren lassen. Dabei kannst du erstaunliche Erfahrungen machen. Bei einem Seminar mit dem Kulturanthropologen und Ethnobotaniker Wolf-Dieter Storl durfte ich vor vielen Jahren eindrucksvoll erfahren, dass manche Bäume ihr Wesen in einem Lied offenbaren. Dass die Textzeilen, welche die anderen Teilnehmer und ich unabhängig voneinander empfangen hatten und die wir abends am Lagerfeuer zusammentrugen, nahezu identisch waren, hat uns alle sehr berührt. Dieses Erlebnis hat mir deutlich gezeigt, dass Bäume, die wir üblicherweise als stumm wahrnehmen, eine eigene Sprache haben, die wir auf der Ebene unserer Seele durchaus verstehen können. Und das, was uns diese Wesen mitzuteilen haben, betrifft uns weit mehr, als wir vielleicht denken.

Die Natur als Ort der Heilung

Vielleicht kommt es dir seltsam vor, auf das Lied eines Baumes oder eines Rosenbusches zu horchen, doch sei versichert, dass jedes Lebewesen sein ganz eigenes Lied singt und so seinen Platz in der Welt offenbart. Und selbst wenn du dieses Lied nicht hörst, so ist die Zeit, die du achtsam und mit offenen Sinnen in der Natur verbringst, eine Zeit, in der Heilung im Sinne von Ganzwerdung möglich ist.

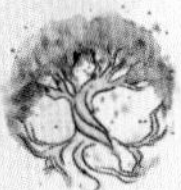

Naturritual: Ein Baumlied erfahren

Suche dir einen ungestörten Platz in der Natur, an dem ein Baum steht, der dich anzieht.

- Setze dich bequem in die Nähe des Baumes und mache einige Minuten lang die Übung »Spürbar Teil von allem sein« (siehe Seite 20). Komme langsam zur Ruhe und gib dir Zeit, der Stille in dir nachzuspüren. Entspanne dich.

- Lenke den Fokus auf den Baum und beginne achtsam zu lauschen und »mit dem Baum zu atmen«. Höre auf den Wind und das Rauschen der Blätter und auf etwas, das tiefer liegt als diese offensichtlichen Töne. Vernimm das einzigartige Lied des Baumes, das Lied, das nur dieser Baum singen kann. Spüre die Schwingung des Liedes in jeder Zelle und versuche zu erahnen, was der Baum dir sagen möchte.

- Beende dein Lauschen, wenn du das Gefühl hast, dass der Zeitpunkt gekommen ist, und bedanke dich bei dem Baum.

Ein einfacher Spaziergang durch den Wald kann uns mitunter viele Stunden beim Psychotherapeuten ersparen, denn das Grün tut nicht nur unseren Augen, sondern auch dem Körper und der Seele gut. Sauerstoff wird in unsere Lunge und in unser Blut gepumpt – und der würzige Geruch von Tannennadeln, Harz, Wild oder Herbstlaub spricht etwas tief in uns an. Etwas in uns erinnert sich vielleicht an Zeiten, als die Wälder noch größer waren, als wir Teil dieser grünen Welt waren, als wir Respekt vor den Tieren und den Bäumen hatten und uns alles insgesamt näher war. Wir erinnern uns vielleicht auch an ein wilderes Leben, in dem es nicht so viele Begrenzungen gab, an ein unmittelbareres Leben, bei dem alles, was uns begegnete, trotz aller Fremdheit ver-

standen werden konnte. Ein Baum wird bei aller Komplexität seines Wesens dennoch eher zu uns sprechen als Meldungen über Aktienderivate oder eine Doktorarbeit über Algorithmen und Datenstrukturen. Der Baum entspricht uns. Er ist Natur wie wir und sein beständiges, unverrückbares Wesen strahlt Geborgenheit und Weisheit aus.

Diesem beständigen Wesen zu begegnen, es zu erspüren und seine tiefe Verwurzelung auf sich wirken zu lassen, kann eine überaus beglückende Erfahrung sein, die uns hilft, ganz im Moment anzukommen. Diese Begegnung ist auf vielerlei Weisen möglich: Du kannst die unten beschriebene Übung durchführen, aber auch ganz intuitiv auf die grünen, stillen Riesen zugehen, dich in ihrer Nähe aufhalten und schauen, was geschieht. Vielleicht möchtest du auch ein kleines Gebet oder einen Segen sprechen, wenn du dich an einen Baum lehnst – vielleicht magst du einfach nur still in der Gegenwart des Baumes sitzen und lauschen. Dein Herz hat in manchen Momenten – und gerade in der Natur – eine größere Wahrnehmungsfähigkeit als dein Verstand. Was viele Menschen in diesen Augenblicken empfinden, hat Dirk Grosser schön in Worte gefasst: »Möge die Sprache des Waldes dein Herz verzaubern, dir von der uralten Verbindung erzählen, die du mit den Bäumen, den tiefen Schatten, dem grünen Wachstum und dem goldenen Licht hast.« Genau das kannst du erfahren!

Was es bedeutet, heil zu sein

Es ist in diesem Buch schon mehrfach angeklungen: Im Schamanismus geht es um eine ganzheitliche Sicht auf den Menschen. Dabei heißt heil und ganz zu sein nicht zwangsläufig, auch körperlich gesund zu sein. Ein Mensch kann in seine Ganzheit zurückfinden, sich heil, zugehörig und glücklich fühlen und dennoch nicht komplett frei von körperlichen Symptomen sein oder sogar an einer lebensbedrohlichen Krankheit leiden. Heilung bedeutet also nicht unbedingt, dass vollständige körperliche Gesundheit einkehrt.

Heil zu sein, in die Ganzheit zu finden, heißt in erster Linie: ganz hier und jetzt am Leben mitzuwirken, sich als Teil der Natur zu erleben, sich mit all seinen Facetten zu akzeptieren, sich selbst wie dem Rest der Welt mit Respekt zu begegnen und seinen eigenen (Seelen-)Weg zu beschreiten, ohne sich von anderen verunsichern zu lassen, aber auch ohne andere vom eigenen Weg überzeugen zu müssen. Viele Schamanen sagen sogar, dass jener Mensch heil und gesund ist, der seinen Weg geht. Um diesen Weg beschreiten zu können, benötigen wir nicht selten eine gehörige Portion Mut und eine klare Absicht – wir können keinen Weg gehen, von dem wir nicht zumindest eine grobe Vorstellung haben. Daher habe ich in diesem Buch die Visionssuche (siehe Seite 116) vorgestellt, die so sehr dazu beiträgt, dass wir mit uns selbst im Reinen und sicheren Schrittes unterwegs sind.

Der eigene Weg in die Ganzheit

Jeder Mensch hat eigene Vorlieben, Interessen, Talente und Ausdrucksmöglichkeiten. Somit kann es keinen Weg für alle geben – jeder Mensch muss seinen eigenen Weg finden und gehen. Ganz werden kann man nur, wenn der eingeschlagene Weg zu einem passt, wenn man sich nicht für den Weg (die Tradition, den Lehrer …) verbiegen muss, sondern man selbst bleiben und dennoch Wandel zulassen kann. Gerne atme mit der folgenden Übung Grünkraft und spüre das Gehaltensein im Heiligen Hain. Du selbst wirst dabei erfahren, wie heilsam es für dich ist und wie oft es dich danach ruft. So kannst du es beispielsweise als regelmäßige Quelle des Auftankens und Durchatmens einsetzen oder ganz gezielt in Zeiten, die solche Qualitäten erfordern.

Übung: Den Wald einatmen

Nimm dir Zeit, um den Wald in deiner Nähe zu erkunden. Mache einen ausgiebigen Spaziergang und genieße die Bewegung und die frische Luft. Lasse die friedliche Stimmung, die Geräusche und die Gerüche des Waldes auf dich wirken.

- Versuche nach einer Weile, deinen Atem zu verlängern, indem du ganz bewusst und langsam durch den Mund ausatmest. Lasse dabei aber keinerlei Zwang oder Druck aufkommen. Stelle dir vor, du würdest eine Flöte spielen und einen sehr langen, sanften Ton erzeugen wollen. Lasse langsam alle Luft aus der Lunge entweichen, während deine Schritte dich durch das lebendige Grün führen.

- Das Einatmen geschieht danach von allein und wird sehr tief sein. Mache dir dabei bewusst, dass du die Luft atmest, die von den Bäumen um dich herum gereinigt und mit Sauerstoff angereichert wurde.

- Danke dem Wald am Ende des Spaziergangs.

KAPITEL 8

DEN ALLTAG SCHAMANISCH ERLEBEN

Schamanismus ist eine Form der Spiritualität, die nicht nur zu bestimmten, festgelegten Zeiten stattfindet. Sie durchdringt den Alltag und verbindet uns in jedem Moment mit der ganzen Welt. Es ist eine Art zu leben, zu wachsen und auf dem eigenen Weg einen Schritt nach dem anderen zu gehen. Wir entwickeln uns auf organische Weise, lassen unser Herz mit jedem Tag weiter werden und entdecken unseren ganz eigenen Platz im steten Wandel der Natur.

LEBENDIGER SCHAMANISMUS

Die Natur ist und bleibt das Tor zu den unsichtbaren Welten, die uns umgeben, und zu allen zeitlichen Ebenen.

Sandra Ingerman

Es liegt mir sehr am Herzen, sowohl in meiner schamanischen Beratungspraxis als auch in meinen Seminaren, aber besonders in diesem Buch zu zeigen, dass die Möglichkeiten des Schamanismus weit darüber hinausreichen, von Zeit zu Zeit in die Anderswelt zu reisen. Vielmehr durchdringt diese Spiritualität den Alltag und wirkt stets lebendig und heilsam in uns.

Wir sind niemals allein

Immer wieder höre ich von Klientinnen oder Seminarteilnehmern, dass ihnen die schamanischen Reisen unglaublich viele Erkenntnisse geschenkt haben, sie aber nicht wissen, wie sie diese Erfahrungen und vor allem das Gefühl der Geborgenheit, das sie auf den Reisen erleben durften, im Alltag aufrechterhalten können.

Dieses Buch konzentriert sich nicht auf die Begrifflichkeit des Schamanen, wer dazu berufen ist und welchen traditionellen Entwicklungsweg man dabei durchläuft. Es geht hier darum, die uralte schamanische Kunst ganz praktisch alltagstauglich einzusetzen. Diese Praxis befähigt uns, Zugang zu uns selbst zu finden, unser Leben nach den eigenen Visionen und Vorstellungen zu gestalten, Erkenntnisse und Einblicke mithilfe der Anderswelt zu gewinnen, Körper, Geist und Seele auf heilsame Weise zu unterstützen und somit ganz und heil zu werden.

Wir können ein ganz normales Leben führen

Schamanische Methoden können unser Leben um persönliches Wachstum und Heilung bereichern, ohne dass wir deshalb Schamaninnen sein müssen. Die meisten

Menschen empfinden den schamanischen Lebensansatz als grundlegend und natürlich und geben sich diesem Weg sowie den unterstützenden Spirits daher vertrauensvoll hin. Wir alle können diese Methoden nutzen, um unser Leben um die Dimensionen der Anderswelt zu bereichern und gleichzeitig eine tiefe Verbindung zu allem Leben hier auf der Erde zu spüren, durch die wir uns niemals allein fühlen. Wenn wir lernen, die Anderswelt, die innere und die äußere Welt wahrzunehmen, wird die Stimme unserer Intuition mit der Zeit lauter und sicherer. Daher lade ich dich zu dieser Übung ein, die ich seit so vielen Jahren mit unterschiedlichsten Menschen genutzt habe und bei der wir alle stets so viel für uns erfahren konnten.

Übung: Die Intuition stärken

Suche dir drei ungefähr gleich große, aber vom Aussehen her unterschiedliche Steine.

- Erinnere dich an eine freudige Situation, spüre kurz hinein und puste das entstandene Gefühl in den ersten Stein hinein. Mache das Gleiche mit einer traurigen Situation und dem zweiten Stein. Den dritten Stein versehe in dieser Weise mit einem neutralen Gefühl.

- Decke nun alle drei Steine mit einem Tuch ab und mische sie unter dem Tuch.

- Konzentriere dich dann auf deine körperliche Mitte, dein sogenanntes Hara (zwei Fingerbreit unter dem Nabel) beziehungsweise Bauchgefühl, und versuche dann, unter den abgedeckten Steinen den zu erfühlen, der mit dem freudigen Gefühl aufgeladen ist.

Wenn du deinem Bauchgefühl vertraust, wirst du diesen Stein zielsicher finden. Unser Körper kennt immer die Antwort.

Reisen, Rituale und ein schöpferisches Leben

Deiner Intuition zu vertrauen, ist auf dem schamanischen Weg und vor allem bei der schamanischen Reise das A und O. Je mehr du das übst, desto klarer werden die Reisen, desto deutlicher die Botschaften. Mit jeder Reise wirst du mehr spüren, sehen, hören oder andere Sinneseindrücke empfangen – und wenn du dann bemerkst, wie diese Reisen deinen Alltag transformieren und positiv beeinflussen, werden deine Intuition und dein Wahrnehmungsvermögen davon abermals zunehmen. Ein schöner Kreislauf!

In diesem Kapitel am Ende des Buches stelle ich dir noch einige Übungen und Rituale vor, die du ohne großen Aufwand zu Hause oder in der freien Natur durchführen kannst und die dich noch einmal tiefer in die schamanische Erfahrung der Welt eintauchen lassen.

Ein Ritual ist nichts Weltfremdes

Die Kombination von gleichbleibenden Ritualen, die durch alte Überlieferungen oder durch dein eigenes Tun entstanden sind, und den sich vielfältig wandelnden inneren Erfahrungen während dieser heiligen Momente bildet eine gute Basis, um auf Dauer kraftvoll, genährt und in Balance zu sein. Ein heilsames Ritual ist in diesem Sinne nichts Altes und Verkrustetes, das wir nur mehr oder weniger unbeteiligt wiederholen, sondern eine sakrale Handlung, die eine echte innere Erfahrung abbildet und sie immer wieder ins Leben holt, sodass wir sie neu betrachten und bewerten können. Die Erfahrung bleibt so bei uns, ebenso die Erkenntnisse, die wir aus ihr gewonnen haben. Wir werden an das erinnert, was uns lieb und teuer ist, was wir als wertvoll erachten, was unser Leben bereichert und unser Verhältnis zur Welt bestimmt. Das Ritual gibt uns so immer wieder Hinweise auf unseren wirklichen Weg des Herzens, der leider oft Gefahr läuft, im Gedränge des Alltags zu verblassen und zwischen allen sonstigen Anforderungen, die an uns gestellt werden, unterzugehen. Die Kontinuität des Rituals im Außen verleiht uns einen sicheren Rahmen sowie Halt und Geborgenheit, während die inneren Wandlungen, die uns auf unseren Reisen, aber auch bei der Umsetzung des Erfahrenen in unseren tagtäglichen Lebensbezügen widerfahren, uns tief schauen, wachsen und lebendig ausstrecken lassen.

Wenn wir beiden Teilen den ihnen gemäßen Raum in unserem Leben zugestehen, werden uns alle Kräfte zuteil, die wir für ein schöpferisches Leben benötigen. So können wir die werden, die wir wirklich sind und auch sein wollen. Alle anderen Rollen sind ohnehin schon besetzt.

Regelmäßiger Kontakt mit der Anderswelt

Die folgenden und auch alle anderen Übungen und Rituale in diesem Buch dienen dazu, dir einen regelmäßigen Kontakt zur Anderswelt zu ermöglichen, und nutzen dabei unterschiedliche Wege, von denen du dir jene aussuchen kannst, die dir am meisten liegen. Probiere einfach aus, was sich gut für dich anfühlt und wo du eine echte Verbindung spürst. Und scheue dich nicht davor, auch neue Wege zu gehen, eigene Rituale zu entwickeln, die hier vorgestellten abzuwandeln, selbst Gebete zu formulieren, spontan zu sein.

Gestalte deinen Weg ganz individuell

Es geht beim Schamanismus wirklich um eine persönliche Beziehung zu beiden Welten – und je mehr du von dir in diese Beziehung hineingibst, desto inniger wird das Verhältnis. Damit meine ich sowohl die Beziehung zur Welt, die dich tagtäglich umgibt und in der du lebst, als auch die Anderswelt mit ihren drei Bereichen (siehe Seite 60). Deinen Garten oder Wald, Feld und Wiesen achtsam zu durchstreifen und eine Beziehung zu deiner näheren Umgebung aufzubauen (wenn diese nicht ohnehin bereits besteht), wird dir sicher leichtfallen. Erforsche zudem mit jeder schamanischen Reise die Gegenden der anderweltlichen Realitäten und finde für dich persönlich spezifische Merkmale des jeweiligen Bereiches. Du wirst hierbei vielleicht feststellen, dass du zum Beispiel innig mit deinem Krafttier verbunden bist, dich jedoch lieber in der oberen Welt bewegst. Da die Spirits genauso wenig wie du selbst an eine Welt gebunden sind, reise einfach gemeinsam mit ihnen frei dorthin, wohin es dich zieht. Sieh daher alles als Anregungen, Vorschläge oder Inspirationen und finde deinen Weg, mit den Spirits zu kommunizieren. Du kannst mit ihnen umgehen wie mit Freunden und daher auch um eine andere Form der Begegnung oder des Austausches bitten, wenn ihr einmal nicht die gleiche Sprache zu sprechen scheint. Sowohl dein Krafttier wie dein geistiger Lehrer werden stets zu deinem Besten auf dich eingehen.

Vielleicht hast du dir schon oft vorgenommen, die Erkenntnisse aus Seminaren und die dort erlernten Übungen in deinen Alltag zu integrieren, jedoch festgestellt, dass dies nach wenigen Tagen in genau jenem Alltag wieder unterging. Hier ist es besonders hilfreich, wenn eine Art Anker unser Bewusstsein immer wieder sanft auf das lenkt, was in uns Anklang gefunden oder uns Kraft gespendet hat und wonach wir eine Sehnsucht verspüren. Einen solchen Bezugspunkt kann dein Bewusstsein mit dem folgenden Alltagsritual finden. Du hast die Möglichkeit, dadurch täglich an deinen Weg, deine Spiritualität und all das erinnert zu werden, was dir Kraft zu schenken vermag.

Alltagsritual: Eine Kraftecke im Haus

In früheren Zeiten hatten viele Häuser – vor allem im Süden Deutschlands – eine Kraftecke, einen Hausaltar oder einen sogenannten Herrgottswinkel. Diese schöne Tradition können wir heute ruhig wiederbeleben und eine Stelle unseres Hauses oder unserer Wohnung so gestalten, dass sich unsere Spiritualität darin widerspiegelt.

Das muss nun wirklich nichts Pompöses sein, du brauchst also keinen großen Marmoraltar aufzustellen … Ein kleines Tischchen, ein kleines Regal, eine hochkant gestellte Weinkiste tun es allemal. Lasse bei der Gestaltung deiner Fantasie und Kreativität freien Lauf: Du kannst hier ein schönes Tuch ausbreiten, Bilder einer für dich ansprechenden Landschaft anbringen, Steine, Muscheln und Tannenzapfen sammeln, vielleicht eine kleine Figur deines Krafttiers hinzufügen (im Spielwarenhandel gibt es mittlerweile nahezu alle Tiere als schön gestaltete Figuren, aber du kannst natürlich auch selbst dein Tier schnitzen) oder die Figur einer dir wichtigen Gottheit beziehungsweise eines göttlichen Wesens, eine Schale mit Wasser oder Sand aufstellen, einen Blumenstrauß in einer Vase arrangieren und so weiter. Vielleicht möchtest du deine Kraftecke auch den Jahreszeiten entsprechend gestalten und veränderst ihre spirituellen Objekte jeweils.

Auf jeden Fall ist solch ein Ort im eigenen Heim etwas, das dir und deinem Weg Ausdruck verleiht und das dich auch immer wieder an diesen Weg erinnert. Veränderungen deines persönlichen Weges können hier unmittelbar zum Ausdruck kommen, indem du Gegenstände entfernst oder hinzunimmst. Nicht zuletzt eignet sich dieser Platz gut zum Meditieren oder um jeden Morgen die Spirits mit einem Räucherstäbchen zu begrüßen.

Unsere keltischen und germanischen Wurzeln

Die Künstlerin und Autorin Nana Nauwald sagt: »Es erfordert Erfahrung, Kreativität und Mut, neue Wege mit dem alten Wissen aus schamanischen Gemeinschaften zu gehen, ohne die Riten und Vorstellungswelten anderer Kulturen zu imitieren.« Gleichwohl spielen in jeder schamanischen Tradition die Ahnen eine große Rolle. Der Zugang zu unseren schamanischen Wurzeln in den vielen verschiedenen Stämmen, die einst verallgemeinernd als »die Germanen« bezeichnet wurden, oder auch zu den keltischen Wurzeln ist allerdings schon allein dadurch erschwert, dass diese Völker keinerlei schriftliche Aufzeichnungen hinterließen. Was wir von unseren europäischen Ahnen wissen, ist, dass sie keine Dörfer bildeten, sondern in Sippen oder Gehöften lebten und ebenso keine Tempel, Kirchen oder Ähnliches hatten, sondern ihre Verehrung der Natur entgegenbrachten. Dies geschah in ihrem heiligen Hain. Oft war dies eine Lichtung im Wald oder ein Baumkreis.

Unsere Vorfahren nutzten bewusstseinserweiterndes Räucherwerk für ihre schamanischen Reisen und schauten auf ihren Seelenflügen in die Untere Welt das Wissen der Ahnen, der Verstorbenen. Sie kannten also ebenfalls die schamanische Reise und viele andere Bräuche, die heute eher indigenen Stämmen zugeordnet werden. Auch die *beehives* – Steinhäuser, die aufgrund ihrer Form an Bienenkörbe erinnern –, die man heute noch in Irland und Teilen Schottlands besichtigen kann, sind ein solches Beispiel: Sie sind sozusagen die steinernen Gegenstücke zu den nordamerikanisch-indigenen Schwitzhütten. Wie bei den Indigenen Nordamerikas fanden auch in diesen steinernen Schwitzhäusern der indigenen Ahnen Europas heilige Rituale um eine Feuerstelle herum statt.

Ganz bewusst habe ich in diesem Buch Impulse aus verschiedenen Kulturen versammelt, die uns unter anderem an das erinnern, was auch in unseren Breiten stattfand, und die uns helfen können, unsere Spiritualität heute wiederzubeleben. So können wir dem modernen Alltag ein wenig Ahnengeist einhauchen, indem wir den Zauber, die Heiligkeit und die Verehrung der Natur als Gegengewicht zur technisierten Welt ganz bewusst einladen und in einer uns entsprechenden Weise ausdrücken. Damit entfernen wir uns in dieser sich immer schneller drehenden Welt dennoch niemals von den Wurzeln, die auch dem heutigen Leben zugrunde liegen. Probiere es aus – du wirst mit Stimmigkeit, Authentizität und Balance in deinem Leben belohnt werden. Genau dazu lade ich dich mit dem folgenden Ritual ein, das sich an den uralten Traditionen unserer Ahnen orientiert und welches ich seit vielen Jahren als sehr heilsam empfinde.

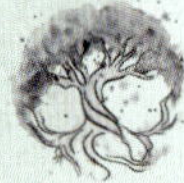

Naturritual: Der Platz der Ahnen

Das Leben unserer Ahnen hat das unsrige möglich gemacht, sie gingen uns voraus und haben so manchen Weg geebnet. Unsere Ahnenreihe ist unsere Wurzel in dieser Welt. Und diese Wurzel können wir ehren, indem wir ihr einen bestimmten Platz schaffen und vorbehalten. Das geht natürlich in deinem Zuhause, zum Beispiel mit entsprechenden Bildern oder Symbolen auf deinem Hausaltar oder stellvertretend mit einer schönen Schale, die du mit heimatlicher Erde befüllen kannst, besonders wenn du umgezogen bist. Eine sehr schöne Möglichkeit ist auch ein Platz der Ahnen in deinem Garten. Du kannst beispielsweise einen Holunderbusch pflanzen (Holunder als Baum der Göttin Hel oder Frau Holle und als Pflanze der Ahnen) und in dessen Äste ein paar Clooties knoten (siehe dazu das Ritual auf Seite 159) oder ein paar schöne Steine um ihn herum auslegen. Zu besonderen Anlässen, aber vor allem zu Samhain um den 1. November, könntest du nahe des Holunderbusches etwas Räucherwerk verbrennen oder auch ein wenig Wein, Met oder Ähnliches auf die Erde gießen, um deine Ahnen, die das Leben an dich weitergaben, zu ehren.

Geheimnisvolle Bändchen

Wer jemals zu Fuß im ländlichen Irland unterwegs war, zwischen Steinmäuerchen und Schafweiden, in kleinen Waldstücken und an heiligen Quellen, kennt sie vielleicht: Bäume, deren Äste mit bunten Bändern geschmückt sind, die bei jedem Windstoß farbenfroh flattern und das Auge erfreuen. Diese Bänder, Clooties genannt, sind jedoch mehr als bloßer Schmuck, denn jedes Band steht für den Wunsch eines Menschen, den er auf diese Weise vertrauensvoll an die Natur, ihre Kräfte und Wesen gerichtet hat. Mit einem bunten Bändchen wird auch der Wunsch in den Baum gebunden – nach Gesundheit, nach dem Wohlergehen eines Kindes und so weiter – und wird durch den

Wind dorthin getragen, wo er gehört wird. Auch hierzulande findet man mancherorts solche Bäume. Und du selbst kannst ebenfalls so einen Wunschbaum gestalten und deine Anliegen auf diese Weise in die Welt geben.

Mein Mann und ich schreiben oftmals gemeinsam Texte und leiten auch manche Seminare miteinander. Auf unserem Seminargrundstück befinden sich mehrere Stellen, die einen tiefen Bezug zu den Wesen der Natur in all ihren Formen deutlich machen. Gerade in den Herbst- und Wintermonaten sind die bunten Clooties am Wunschbaum Farbkleckse im trüben Grau, die den vorbeispazierenden Menschen und auch uns selbst ein Lächeln entlocken. Diese Stellen und der Baum mit den Clooties im Besonderen sind stille Zeugen, die sowohl für den Einzelnen stehen, der dieses Band, mit seinem Wunsch versehen, geknotet hat, als auch für die Rituale und Zeremonien innerhalb einer Gemeinschaft.

Nicht selten löst der Anblick dieser vielen Bändchen bei unseren Teilnehmenden direkt eine Entspannung oder Erleichterung aus, die daraus resultiert, dass sie sofort erkennen: Ich bin mit meinen Ideen und Sehnsüchten nicht allein! Dies können wir besonders häufig bei jenen beobachten, die in ihrem heimischen Umfeld keine Gleichgesinnten haben oder im schlimmsten Fall eher belächelt werden.

Der Begriff »clootie« leitet sich vom schottischen Wort »cloot« (Stoff, Lumpen) und dem englischen Wort »clothes« (Kleidung) ab und bedeutet »kleines Stück der Kleidung«. In früheren Zeiten wurde dieser Brauch auch buchstäblich so ausgeführt – an heiligen Orten riss man einen Streifen Stoff aus seiner Kleidung heraus und band diesen an einen Baum oder Busch nahe einer Quelle oder Gedenkstätte. Das folgende Ritual ist eine herzliche Einladung von mir, deine eigenen Clooties an Bäumen anzubringen und dich dabei auf wundervolle Weise mit der Natur und ihren Kräften zu verbinden.

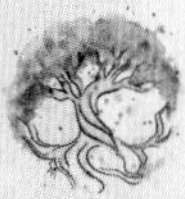

Naturritual: Clooties mit Wünschen

- Nimm einen feinen Streifen eines alten Kleidungsstückes oder ein Stoffbändchen beziehungsweise einen Wollfaden deiner Wahl (sehr gern passend zu deinem Thema in Farbe, Haptik oder Energie, also beispielsweise grün wie die Hoffnung oder rot wie die Liebe, beziehungsweise eine Assoziation aus dir selbst heraus).

- Wenn du einen tiefen Herzenswunsch hast, so kannst du diesen über deinen Atem in das Stoffbändchen übertragen. Spüre hierzu in dir nach, male dir die Erfüllung dieses Wunsches wirklich in allen Farben aus und fühle die Freude, die beim inneren Betrachten des erreichten Zieles aufkommt. Puste dann dreimal, ohne nachzudenken, in das Bändchen in deinen Händen. Binde es an den Baum oder Busch nahe einer heiligen Stätte und lasse es dadurch wachsen. Achte dabei bitte darauf, dass du das Bändchen nicht zu eng bindest, sodass der Ast in aller Ruhe weiterwachsen kann.

- Du kannst auch etwas, das du hinter dir lassen magst, an den Baum binden und es seiner Kraft anvertrauen (oft sieht man dort Brillen hängen …). Dieses Ritual ist auch ein Versprechen an sich selbst, an welches man sich im wahrsten Sinn des Wortes bindet. Der Ort unterstützt dein Versprechen mit einer seit vielen Jahren währenden Magie, die sich erhalten hat und von den Menschen bis heute genutzt wird.

- Solltest du in deiner Nähe keinen solchen Ort kennen, so mache du den Anfang. Erspüre auf deinen Spaziergängen oder Medizinwanderungen die Gegenden und würdige die heiligen Orte in deiner unmittelbaren Nachbarschaft mit diesem bunten, von Herzen kommenden Ritual.

Wohin das Leben führt

Die folgende Übung fokussiert deine Wahrnehmung auf die Wunder, die uns umgeben und die wir doch manches Mal übersehen. Du wirst bei dieser Übung – wie bei den anderen Übungen in diesem Buch – feststellen, wie sich mit der Zeit deine Wahrnehmung weitet und wie alles, was dir begegnet, Teil deines spirituellen Weges werden kann.

Übung: Zeichen im Außen lesen

Diese Übung ist eine sehr kurze Version der Medizinwanderung (siehe Seite 33) und du kannst sie immer und überall in der Natur, aber auch mitten in der Stadt machen.

Es geht hierbei einfach darum, gewisse Zeichen im Außen wertzuschätzen und sie für das eigene Leben zu interpretieren.

- Wenn dir auf deinem Spaziergang dreimal ein Reh begegnet, wäre es vielleicht gut, sich einmal die Eigenschaften eines Rehs anzuschauen und herauszufinden, was es dir unter Umständen sagen möchte.
- Interessant sind auch Synchronizitäten, wenn du beispielsweise an jemanden denkst und diese Person in genau dem Moment anruft. Synchronizität heißt schlicht, dass eine Verbindung besteht, obwohl sich kein ursächlicher Zusammenhang herstellen lässt.
- Schaue einfach achtsam, nimm wahr und versuche zu verstehen, wohin das Leben dich führen möchte. Wo fließt die Energie leicht, wo geht es schwerer? Und welche Schritte resultieren für dich daraus?

DAS RAD DES LEBENS

Gerade die »Alltagstauglichkeit« macht für mich die Faszination des Schamanismus aus. Mit dieser Weltsicht richten wir unser Augenmerk darauf, dass alles sein Potenzial offenbaren möchte und zeigen will, wie es sich stetig wandeln kann, wie es mit uns in ständigem Kontakt und Austausch steht. Die Welt, die uns umgibt, wird auf diese Weise mit jedem Tag noch spannender, bunter und beeindruckender, als sie es ohnehin schon ist.

Eine andere Sicht von Medizin

Diesen Ort, dieses ganz besondere Hier und Jetzt auf immer tiefere Weise zu entdecken, ist ein wunderbarer Aspekt des schamanischen Weges. Diese innere Haltung und anderes meinen die Kulturen der nordamerikanischen Ureinwohner mit dem, was sie »Medizin« nennen.

Laut der Enzyklopädie Medizingeschichte aus dem Jahr 2005 wird unter dem Stichwort »Medizinmann« das Wort »Medizin« in der Kultur der indigenen Stämme Nordamerikas nicht für Heilkunde verwendet, wie man zunächst vermuten könnte. Die Autoren zitieren stattdessen den Internisten und Ethnologen Norbert Kohnen: Medizin ist demnach für die Indigenen die »geheimnisvolle transzendente Kraft hinter allen Erscheinungen«. Dies gilt generell für das Verständnis des schamanischen Weges und betrifft die Erfahrungen auf einer Medizinwanderung (siehe ab Seite 28) ebenso wie die Visionssuche (siehe Seite 116). Beide bringen uns wieder näher mit unserer eigenen Medizin in Verbindung – sie zeigen uns also, welche transzendente Kraft in uns selbst liegt.

Die indigenen Kulturen, in denen der Schamanismus eine so große Rolle spielt und eine bedeutende gesellschaftliche Kraft darstellt, sind ganz auf die Tiefe konzentriert und daher wenig an oberflächlichen Dingen interessiert. Hier geht es immer darum, hinter die Dinge zu sehen und ihr innerstes Wesen zu erkennen. Ich glaube manchmal, dass es genau diese Qualität ist, die Menschen »aus dem Westen« auf ihrer spirituellen Suche zu indigenen Kulturen oder kontemplativ ausgerichteten östlichen Traditionen führt, denn in unserer Gesellschaft finden wir diese Tiefe oft nur sehr schwer.

Indigene Medizin

Kehren wir zurück zu den nordamerikanischen Indigenen und ihrem ganz anderen Verständnis des Wortes »Medizin«, das wir übrigens auch in den Begriffen »Medizinfrau/Medizinmann« und »Medizinrad« wiederfinden. Dieses Medizinkonzept der nordamerikanischen Indigenen können wir auch in unserer westlichen Welt anwenden. Und wenn wir diese Medizin als Heilmittel für unsere Seele nutzen, kann sich ihre Wirkung ausbreiten, denn Gesundheit und Ganzheit wirken ebenso »ansteckend« wie manche Krankheiten.

Das gerade erwähnte Medizinrad ist dabei ein wunderbares Symbol und wenn ich es dir im Folgenden in Kurzform schildere, hoffe ich, dass es dich dazu inspiriert, deinem Weg auf eine Weise Ausdruck zu verleihen, die dir deine Verbindung zu den großen kosmischen Zusammenhängen wie auch zu den im Vergleich dazu mikroskopisch kleinen Vorgängen zeigt, die in jedem Moment deines Lebens gegeben sind.

Praktische Spiritualität

Medizinräder sind heilige Orte, die man besonders in der großen Prärie, im Norden der Vereinigten Staaten von Amerika und im Süden Kanadas, vorfindet. Es handelt sich bei diesen Orten um große Steinkreise, von denen die ältesten etwa 5000 Jahre zurückdatiert werden und von denen es allein im Gebiet der großen Prärie mehrere Zehntausend gibt, die kleineren Steinformationen mitbedacht. Klassischerweise befindet sich in der Mitte ein Steinhaufen als Nabe, von dem mindestens zwei Speichen abgehen. Dieses Symbol erinnert an das hiesige Sonnenrad oder Sonnenkreuz, das sich an vielen Orten in jahrhundertealten Petroglyphen findet. Auch wenn es vielerlei Spielarten (zumeist mit ein bis zwei konzentrischen Kreisen) gibt, möchte ich mich für dieses Buch und die damit einhergehende Empfehlung auf das recht bekannte Bild des Kreises mit den vier Speichen beschränken.

Über das Medizinrad allein wurden ganze Bücher gefüllt. Es geht an dieser Stelle allerdings nicht um die Steinkreislegung mit 36 Steinen in einem inneren und einem äußeren Kreis, sondern vielmehr um eine rituelle Form der Sichtbarmachung des Großen Geistes und der Medizin aller Dinge. Schließlich wollen wir eine praktische Spiritualität leben und uns dem zuwenden, was wir auch verwirklichen können. Den wenigsten Menschen wird es vergönnt sein, über so viel Platz zu verfügen, dass sie ein riesiges Medizinrad aus großen Steinen legen können. Es geht jedoch auch anders – und letztlich kommt es ja gerade hierbei auf die Medizin im schamanischen Sinne an, auf die Tiefe und auf die Essenz des Ganzen.

Greifbar gemachte Energie

Wenn wir einen Kreis rituell anlegen, so bündeln, harmonisieren und kanalisieren wir die Energien, die wir in den Kreis mit hineinbringen beziehungsweise einladen. Dieses alte Ritual können wir heute nutzen, um Harmonie und Kraft aus den verschiedensten Bereichen ins Leben zu rufen. Da den Menschen hierzulande eine Aufteilung des Jahreskreises in vier Abschnitte (Frühling, Sommer, Herbst und Winter) geläufig ist und sie ebenso mit den vier Elementen (Feuer, Wasser, Erde und Luft) vertraut sind, bietet sich eine Vierteilung des Medizinrades an. Die Zahl Vier ist auch den nordamerikanischen Lakota heilig, weshalb sie ihr Medizinrad oft als Kreis mit vier Speichen gestalten. Diese stehen für die Himmelsrichtungen genauso wie für die zentralen Werte in der Kultur der Lakota: Weisheit, Tapferkeit, Seelenstärke, Großzügigkeit. Du erinnerst dich: An anderer Stelle hieß es, es erfordere Mut und Kreativität, jenes alte Wissen für unsere Zeit anwendbar zu machen (siehe Seite 155). Deinen Mut hast du bei all deinen Reisen und deiner Bereitschaft, neue Erfahrungen zu machen, bereits für dich selbst unter Beweis gestellt. Bei der Umsetzung der Ritualvorschläge – und denke bitte immer daran, dass es wirklich nur Vorschläge sind! – war und ist stets deine Kreativität gefragt. Wenn es nun darum geht, die geheimnisvolle Kraft hinter allen Erscheinungen sichtbar zu machen und man hierzu traditionellerweise das Bild eines Kreises verwendet, kann sich deine Kreativität innerhalb dieses ganzen Kreises und seiner Aufteilung austoben. Das Medizinrad ist etwas Persönliches, ein Ausdruck deines Zugangs, deines Weges, deiner Medizin.

Die Lakota unterteilen ihre Medizinräder gemäß ihrer Lebenswirklichkeit und nutzen dazu zwei Zuordnungen (Himmelsrichtungen und Werte), andere Stämme verfahren auf ihre je eigene Weise. Auch du kannst dein Medizinrad so gestalten, dass es dir und deiner Lebenswirklichkeit entspricht. Du musst selbstverständlich nicht alles in traditioneller Weise übernehmen. Was sich ausdrücken möchte, ist deine Essenz, nicht mehr und nicht weniger.

Dies fängt zum Beispiel schon damit an, ob du die Himmelsrichtungen oder die vier genannten Werte zum Ausdruck bringen willst oder ob du vielleicht ganz andere Werte vertrittst, die dir so wichtig sind, dass sie im Medizinrad auftauchen sollten. Wo spürst du einen ganz natürlichen Zugang? Wo sprudeln Assoziationen aus dir hervor oder entstehen innere Bilder? Sobald du die grundsätzliche Ausrichtung deines Medizinrades wahrgenommen und geklärt hast, kannst du deiner Medizin Ausdruck verleihen.

Wie du dein Medizinrad entwickelst

Nehmen wir an, du hättest dich für die Himmelsrichtungen entschieden. Dann könntest du einer jeden ein Viertel des Kreises widmen und diesen mit den Inhalten füllen, die damit in Verbindung stehen und deiner Erfahrung – vielleicht auf schamanischen Reisen erlangt –, deinen inneren Bildern oder Assoziationen entspringen. Diese Ideen könntest du zunächst auf einem Blatt Papier nach Art einer Mindmap sammeln.

Trage all deinen Erfahrungsschatz zu diesem Thema zusammen. Was bedeutet für dich der Osten? Sonnenaufgang, Tagesanbruch, Neubeginn? Was ist der Süden? Wärme, Ursprung, Fülle? Durch was ist der Westen symbolisiert? Weite, Wind, das Meer? Und der Norden? Klarheit, Schnee und Berge? Und welche Tierwesen könnten in diesen Regionen für dich eine Rolle spielen? Welche Pflanzen? Aus welchem Bereich stammen deine Ahnen? Und wo ist die diesseitige Form deines Krafttieres zu Hause?

Achte auf deine Assoziationen

Wenn du dich an das Öffnen des heiligen Raumes (Seite 84) erinnerst, fallen dir bestimmt viele Dinge ein, die zu den einzelnen Himmelsrichtungen passen. Ebenso werden Assoziationen auftauchen, die den Werten entsprechen, die dir wichtig sind: Welches Tier steht für Tapferkeit? Der Hirsch, der Löwe oder gar ein kleiner Präriehund, der sich durch nichts einschüchtern lässt? Welches Tier ist dein Symbol für Weisheit? Der Wolf, der Bär, die Eule? Welchen Aspekt der Natur verbindest du spontan mit Großzügigkeit? Die Luft? Das Meer? Die grüne Steppe?

Möglicherweise zeigt sich schon beim Durchlesen oder Hinzufügen von Begriffen, in welcher Form du ihnen gern Ausdruck verleihen möchtest. Und hier kommen wieder Mut und Kreativität ins Spiel! Löse dich mutig ein wenig von dem, was du über Medizinräder weißt, und erspüre für dich, was zu deinem Wesen passt. Ich habe schon kleine Medizinräder auf dem Hausaltar in einer Zimmerecke gesehen, die eine fast unwirkliche Kraft ausstrahlten. Vielleicht ist dein Medizinrad im wörtlichen Sinn eigenartig und du möchtest die Kraft hinter den Dingen bunt und lebendig darstellen. Hier sind deiner Kreativität keine Grenzen gesetzt!

Wenn du dich zeichnerisch ausdrücken möchtest, kannst du skizzieren oder eine große Leinwand bemalen. Bist du im Nähen begabt, so kannst du ein großes Rad nähen und hierzu passende Stoffe wählen, die die jeweilige Himmelsrichtung für dich widerspiegeln. Ich habe einmal ein großes genähtes Medizinrad gesehen, das die vier Teile noch einmal in weitere drei Bereiche unterteilte und in jedem davon mit einem anderen Stoff die Tiere, Kräfte der Natur, Elemente, Ahnengeister, Farben, Instrumente und vielerlei mehr zeigte. Der Stoff zu jedem Teilbereich war liebevoll und durchdacht ausgesucht worden und brachte eine geheimnisvolle Kraft in eine sichtbare Form! Schließlich wurde es ein riesiger Wandbehang, der mit seiner Ausstrahlung den ganzen Raum erfüllte.

Das Medizinrad
Himmelsrichtung
Element
Geschöpfe
Jahreszeit
Instrume
Quelle
Himmelsrichtung ...... Westen
Element ...... Wasser
Geschöpfe ...... die Wassertiere
Jahreszeit ...... Herbst
Instrument ...... Knochen, Stöcke
Quelle ...... Weisheit
Quel
Instrume
Jahreszeit
Geschöpfe
Element
Himmelsrichtung

Norden
Erde
die Vierbeinigen
Winter
Rassel
Kraft
Himmelsrichtung
Element
Geschöpfe
Jahreszeit
Instrument
Quelle
Osten
Luft
die Geflügelten
Frühling
Glocke, Flöte
Vision
Sommer
Kriech- & Wüstentiere
Feuer
Süden

Ich möchte dich daher an dieser Stelle ermutigen, deine Assoziationen kreativ und künstlerisch darzustellen und dabei jedwede Begrenzung möglichst fallen zu lassen. Es gibt kein Richtig oder Falsch. Folge deinen Eingebungen, höre auf dein Herz und lasse dich gern auf einer der vielfältigen Kreativseiten im Internet zu einer adäquaten Umsetzung deiner inneren Bilder inspirieren.

Deine ganze Welt in einem Kreis

Wenn du auf irgendeine Art dein Medizinrad verwirklicht hast, steht dir damit fortan ein Abbild deiner ureigenen Medizin, deiner inneren Welt zur Verfügung. Wenn du dieses in deinem Haus oder deiner Wohnung aufhängst, aufstellst oder anbringst, hast du stets deinen heiligen Raum und das Symbol für deinen Weg vor Augen. Du wirst auch bei diesem Ritual beziehungsweise Ritualgegenstand daran erinnert, was du wirklich willst, was du erfahren und geben möchtest, wenn du ganz und gar du selbst sein kannst. Ähnlich wie in den Medizinrädern der nordamerikanischen Indigenen oder in den heiligen Hainen der Kelten und Germanen sammeln sich in deinem Medizinrad ausschließlich die Energien dessen, was du als gut, wahr, kraftvoll und schön empfindest. Du kannst dich dann jederzeit auch nur auf einzelne Bereiche dieses Rads fokussieren, in dich hineinspüren, dich mit dem Aspekt deines Weges neu verbinden und auf diese Weise auftanken und neue Kraft für deine Seele schöpfen.

Um dir einen kleinen Geschmack davon zu geben, wie dies aussehen kann, findest du auf der vorigen Doppelseite 166/167 eine bildliche Darstellung solch eines Rads. Es soll eine Anregung sein, eine Inspiration, eine Möglichkeit, aber keinesfalls eine Vorgabe. Deine Zuordnungen und Assoziationen können ganz anders sein und somit auch eine andere Darstellungsweise willkommen heißen. Auch das erspürst du vielleicht beim Betrachten und hast dadurch wieder ein Puzzleteil mehr zusammengetragen.

Ich möchte noch einmal auf die Navajo zurückkommen. Sie sind auch für ihre farbigen Sandgemälde bekannt. Für den Verlauf von Heilanwendungen und im gesamten Verständnis von Gesundheit und Krankheit spielen diese eine große Rolle. Die Herkunft dieser Vorgehensweise ist bei Ethnologen umstritten, für die Navajo jedoch völlig klar: Alle Bilder sind Geschenke der *holy people*, der heiligen Wesen, die ich als »Spirits« bezeichnen würde. Jedes Sandgemälde muss detailgetreu dem überlieferten Muster entsprechend nachgebildet werden, da sonst der Zweck der Wiederherstellung der Ordnung – und somit, im Verständnis der Navajo, der Heilung – nicht erreicht werden kann. In diesen beeindruckenden Gemälden werden die übernatürlichen Wesen menschenähnlich, jedoch mit winkligen Formen und geraden Linien dargestellt. Sie alle symbolisieren Gebete für die Anwesenheit mächtiger Wesen und die Bitte um hózhó, Harmonie und Schönheit (siehe Seite 54). Auch hier spielt wieder die Zahl Vier eine Rolle, denn es finden sich in den meisten Bildern unter anderem die vier heiligen Berge, die die Reservation einfassen, die vier heiligen Pflanzen (Mais, Bohne, Kürbis, Tabak) und die vier Himmelsrichtungen. Hierbei steht Weiß für den Osten, Blau für den Süden, Gelb für den Westen und Schwarz für den Norden.

Der Kranke wird während der gesamten Ritualdauer (oftmals für mehrere Tage) auf das Sandgemälde gesetzt oder gelegt. Man spricht dem Bild so viel Macht zu, dass es die heiligen Wesen einlädt, in dem Menschen Platz zu nehmen und die Ordnung wiederherzustellen.

An diesem Beispiel kannst du sehen, wie lohnenswert es ist, sich der Erschaffung eines solchen Bildes mit Hingabe zu widmen.

SCHLUSSWORT

Wer um die Wurzeln seines Lebens weiß, kann seinen Gedanken, Worten und Werken Flügel verleihen.

Ernst Ferstl

Manche festen Überzeugungen, die du vielleicht lange Zeit gehegt hast, können auf dem schamanisch-naturverbundenen Weg bröckeln und sich dadurch ein Tor zu einer größeren Freiheit öffnen. Genährt durch dein eigenes Erspüren und Erfahren entfaltet sich dein Leben vor dir wie eine einzigartige, wunderschöne Pflanze. Jedes Mal, wenn du einen heiligen Raum öffnest, kreierst du gleichsam einen Raum für Entfaltung und Wachstum. Jedes Mal, wenn du dich den grünen Freunden in deinem Garten zuwendest, erlaubst du dir selbst, vollständig zu erblühen. Jedes Mal, wenn du dem Ruf deiner Seele folgst, wird sich dein Weg vor dir entfalten und die Straße wird dir entgegeneilen, wie es in einem bekannten irischen Segenswunsch heißt.

Wenn die Übungen und Ritualvorschläge in diesem Buch dich inspirieren konnten, dein ureigenes Lied der Seele zu singen, freue ich mich von Herzen für dich!

Mögest du dich auf und von dieser Erde getragen fühlen.

Mögen Sonne, Mond und Sterne dich an dein eigenes Strahlen erinnern.

Mögest du freudvoll das Lied des Lebens singen.

Und mögen alle Schritte deines Weges gesegnet sein.

Wir können vieles über Schamanismus lesen, uns Anregungen holen und dabei auch ein paar Erklärungen für unseren Intellekt finden, doch es wird Bereiche geben, die unerklärbar und mystisch bleiben werden. Hier geht es nicht darum, die Augen zu schließen und sich die Welt in schillerndsten Farben so zu malen, wie wir sie gern hätten, sondern einfach mit allen Sinnen zu erfahren, wie wir mit dem Netz allen Seins verbunden sind und wie bunt und vielfältig dieses Leben ist. Dann werden wir auch das Unerklärliche, das Rätselhafte freudig umarmen und annehmen können. Von Steven D. Farmer, Autor und schamanisch Praktizierender, stammen die klaren Worte: »Der Beweis liegt immer in deinen Erfahrungen, nicht in deinen Überzeugungen.« Diese direkte Erfahrung ist durch nichts zu ersetzen. Schamanische Impulse helfen unserem Bewusstsein, sich mit der Quelle von allem, was ist, zu verbinden. Wenn du zu dieser Quelle findest, die uns vom Urgrund des Seins erzählt, so wirst du immer Kraft daraus schöpfen können. Kraft für deinen Weg, Kraft für deine Suche und Kraft für jeden Tag deines vom Wunder erfüllten Alltags.

Die Naturmystik wird dich die Welt mit anderen Augen sehen lassen und dein Herz wird noch viel tiefer berührt werden, als dein Intellekt es sich je ausmalen könnte.

Vielleicht bist du bereit, dich dem schamanischen Weg mit all seinen Anderswelt- und Naturerfahrungen zu öffnen – nicht als Glaube oder Religion, sondern als eine Forschungsreise in deine eigene Seele und in die Seele der Welt.

Genieße und feiere dieses lebenslange Abenteuer!

Bücher und Adressen, die weiterhelfen

Bücher

Appel, Jennie: Nestbau für die Seele. Kraftvoller Neubeginn nach einer Seelenteilrückholung. Schirner Verlag, Darmstadt, 2014

Appel, Jennie: Urkraft des Mondes. Naturrituale für ein Leben voller Hingabe. Aurum Verlag, Bielefeld, 2022

Appel, Jennie und Grosser, Dirk: Ahnenreise. Schamanisch-meditative Wege zu unseren Wurzeln. Arun Verlag, Uhlstädt-Kirchhasel, 2012

Appel, Jennie und Grosser, Dirk: Öffne deinen heiligen Raum. Die Anderswelt persönlich begrüßen. Schirner Verlag, Darmstadt, 2014

Appel, Jennie und Grosser, Dirk: Urkraft des Nordens. Mit Ahnenwissen, Schamanengottheiten und weisen Seherinnen zu den Wurzeln unserer Spiritualität. Aurum Verlag, Bielefeld, 2021

Appel, Jennie und Grosser, Dirk: Brigid. Entfache die Flamme einer Heiligen, Göttin und Druidin in dir. Aurum Verlag, Bielefeld, 2016

Appel, Jennie und Grosser, Dirk und Kai Uwe Faust (Heilung): Magie des Nordens. Tauche ein in die Ursprünge der nordischen Spiritualität. (Kartenset und Booklet) Königsfurt-Urania Verlag, Kiel, 2024

Brück, Axel: Die AnderswelReise. Praxisbuch schamanische Reise. Arun Verlag, Uhlstädt-Kirchhasel, 2012

Eliade, Mircea: Schamanismus und archaische Ekstasetechnik. Suhrkamp Verlag, Frankfurt am Main, 1975

Harner, Dr. Michael: Der Weg des Schamanen. Das praktische Grundlagenwerk zum Schamanismus. Hugendubel Verlag, München, 1980

Ingerman, Sandra: Die schamanische Erfahrung. Ein Weg in die Tiefe der Seele. Arkana, München, 2010

Ingerman, Sandra: Die schamanische Reise. Ein spiritueller Weg zu sich selbst. Ariston, München, 2004

Kinkele, Thomas: Räucherstoffe und Räucherrituale. Kraftvolle Rituale mit duftenden Pflanzenbotschaften. Windpferd, Antrank, 2001

Meyer, Regula: Tierisch gut. Tiere als Spiegel der Seele. Arun Verlag, Uhlstädt-Kirchhasel, 2002

Rätsch, Christian: Räucherstoffe. Der Atem des Drachen. AT Verlag, Aarau, 2006

Storl, Dr. Wolf-Dieter mit Grosser, Dirk: Schamanentum. Die Wurzeln unserer Spiritualität. Aurum Verlag, Bielefeld, 2010

Walsh, Roger N.: Der Geist des Schamanismus. Patmos Verlag, Düsseldorf, 2005

Bezugsquellen für Trommeln und Rasseln

Nuavi Spirit, Eltville am Rhein, www.nuavi-spirit.de

Marimba Musikinstrumente, Bielefeld, www.marimba-musikinstrumente.de

Schlagwerk, www.schlagwerk.com (Trommeln sind vegan und gut stimmbar)

Kontakt zur Autorin

Wenn du dich für die Arbeit der Autorin und die von ihr angebotenen (Online-)Seminare und Reisen interessierst, erreichst du sie unter:

www.jennie-appel.de

QR-Code zu den Trommel Tracks und Meditationen

IMPRESSUM

© 2024 by Irisiana Verlag, einem Unternehmen der Penguin Random House Verlagsgruppe GmbH, Neumarkter Straße 28, 81673 München

Alle Rechte vorbehalten. Vollständige oder auszugsweise Reproduktion,gleich welcher Form (Fotokopie, Mikrofilm, elektronische Datenverarbeitung oder andere Verfahren), Vervielfältigung und Weitergabe von Vervielfältigungen nur mit schriftlicher Genehmigung des Verlags. Der Verlag behält sich die Verwertung der urheberrechtlich geschützten Inhalte dieses Werkes für Zwecke des Text- und Data-Minings nach § 44 b UrhG ausdrücklich vor. Jegliche unbefugte Nutzung ist hiermit ausgeschlossen.

Beim Schreiben dieses Buch wurde durchgehend auf abwechselnde weibliche und männliche Formen geachtet und doch weisen wir darauf hin, dass wir selbstverständlich stets alle Menschen meinen und zwecks besseren Leseflusses auf die * Kennzeichnungen verzichtet haben. Alle spirituellen Praxisimpulse, Rituale, schamanischen Reisen und Übungen (auch im Download Bereich) wurden sorgfältig erprobt. Seit jeher dienten solche Praktiken der Wiederherstellung von Harmonie. Sie ersetzen jedoch keine ärztliche/psychotherapeutische/heilpraktische Beratung und solltest du dich in einer solchen Begleitung befinden und ggf. Medikamente nehmen, bitten wir dich um eine vorherige Abklärung in diesem Zusammenhang, um eventuelle Kontraindikationen auszuschließen.

Projektleitung & Lektorat: Inga Heckmann
Herstellung: Timo Wenda
Korrektorat: Susanne Schneider
Fotos: © Alina-Cara Tobi, www.naira-fotografie.de
Illustrationen: Mira Haschke-Kretschmann, www.einzigart-artwork.de
Layout & Satz: OH, JA! (www.oh-ja.com)
Umschlaggestaltung unter Verwendung eines Motivs von © Alina-Cara Tobi: OH, JA! (www.oh-ja.com)
Repro: Mohn Media Mohndruck GmbH, Gütersloh
Druck: Pixartprinting, Lavis
Printed in Italy

Penguin Random House Verlagsgruppe FSC® N001967
ISBN 978-3-424-15473-3